文史哲詩叢之17

三月文響

——三月詩會同仁選集之二

張朗
藍雲 主編

文史哲出版社印行

國立中央圖書館出版品預行編目資料

三月交響：三月詩會同仁選集之二／張朗・藍雲
　主編. --初版. --臺北市：文史哲，民85
　　面；　公分. --（文史哲詩叢；17）
　ISBN 957-547-993-9（平裝）

831.8　　85000290

文史哲詩叢 ⑰

三月交響——三月詩會同仁選集

主　編：張　朗・藍　雲
出版者：文史哲出版社
登記證字號：行政院新聞局局版臺業字五三三七號
發行人：彭　正　雄
發行所：文史哲出版社
印刷者：文史哲出版社
台北市羅斯福路一段七十二巷四號
郵撥〇五一二八八一二彭正雄帳戶
電話：三五一一〇二八

實價新台幣四二〇元

中華民國八十五年三月初版

ISBN 957-547-993-9

詩道不孤

序《三月交響》

時間過得眞快，「三月詩會」成立已經三年了！經全體會員過半數同意，出版本會的第二本詩選：《三月交響》。我們出版這本選集有雙重的意義：第一、把各會員這兩年來較佳的作品，作一妥善的安頓，以免散失；第二、把這些作品跟兩年前的—即第一本選集《三月情懷》中的—作一比較，請詩友們看看，我們這兩年來的切磋琢磨，有無寸進。

在功利掛帥的台灣，竟然有一群人默默地爲弘揚詩道而努力，成員由最初的十二人，增加到了現在的十九人，令我們感到詩道不孤的欣慰。更令人欣慰的是，在海峽的彼岸，我們還有一位榮譽會員米斗，他是天津日報的編輯，也是名詩人。

《三月交響》選入十八位會員的作品；十八人的創作路線各不相同：有人擅長寫短詩及小詩，有人專寫氣勢磅礴的長詩（三十行以上者）；有人工於愛情詩，有人喜歡寫諷喻詩；有的作品簡潔而有韻味，有的意象繽紛，哲思深沉，有的詞藻美豔，有的詩思清麗；但都副合溫柔敦厚的傳統！雖不敢自吹自擂，說這本選集是萬古長流中的主流；也絕不是語言鄙俗，筆墨污穢之作。

文章千古事，得失，我敢說，絕對不止寸心知！（張朗執筆）

三月交響　目錄

林恭祖卷

汪洋萍卷

∽目　錄∽

金筑卷

張朗卷

麥穗卷

邱　平卷

謝輝煌卷

∽目　　錄∽

晶晶卷

劉菲卷

一信卷

藍雲卷

王碧儀卷

目　錄

米斗卷

後記

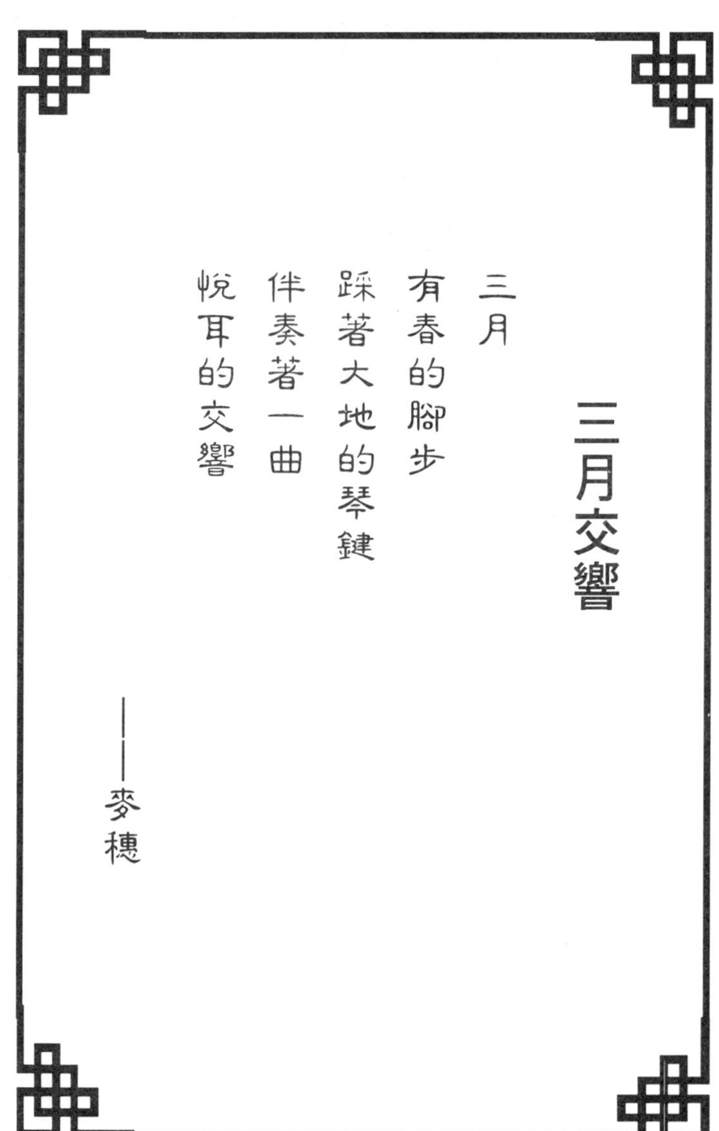

三月交響

三月
有春的腳步
踩著大地的琴鍵
伴奏著一曲
悅耳的交響

——麥穗

林紹梅卷

小傳

林紹梅：一九二二年生，福建仙遊人。美國世界藝術文化學院榮譽文學博士。曾任公職四十年，並曾兼任「內幕報導」、「中國學生報」等十餘刊物總編輯，業已退休。現爲中國文藝工作者協會常務理事，中華民國新詩學會理事，中國詩歌藝術學會監事，秋水詩刊編委。著有（青春曲）、（變調之歌）、（馳騁的夢）、（寂寞的魚）、（書桌上的太陽）、（會歌唱的花）、（朦朧的繁華）、（心靈風景）等八種詩集。

會歌唱的花

是花都想歌唱
妳說我是花
這多庸俗
那麼歌唱吧
就算是自己吶喊
（當然妳是
聽不見的）

陽明山的山中
八十四朵花
一起引吭

思念的歌聲
隨著昇起的
山嵐
在空中
盪成一葉
秋海棠

註：花係指詩人，歌唱當然就是寫詩。

旅日有感

三過日本都沒有
看到富士山的真面目
富士山啊
妳為何害羞

走在東京的街道上
並沒有被插天的
高樓嚇倒
你們竄改歷史
已在我心目中
矮了半截

佔地廣大的皇宮
在太陽無力的照射下
顯得有些古老
我彷彿看到
軍國主義的影子
在宮牆上
漸漸消失

紅胸鳥

紅胸鳥在鳥籠裡
急躁得跳上跳下
牠好像怪主人
把牠的世界縮成那麼小
牠以哀怨的歌聲
唱出內心的無奈

並用如豆的眼睛
看籠外花花的世界
如果牠能瞭解
人類也在生活的籠子裡
忙來忙去
並能知道人類
不斷在玩戰爭的把戲
那麼牠的哀鳴與急躁
都變成毫無意義

我站在鳥籠外看紅胸鳥
紅胸鳥也停下來
斜著頭看看我
我們都無法預知
明天世界將發生什麼事

風景篇

雨

窗外
有人在哭泣
眼淚從
破裂的窗沿漏進來
傷心了一夜的
婦人，披頭散髮
要見她的丈夫

雲

金馬車
銀馬車
亭、台、樓、閣……
夠了，夠了
如果再觸動我的
鄉愁，我一定要把
你的畫布撕碎

花

把女人比做妳
是很恰當的
因為妳一再隱瞞
妳的年齡
致使
我的眼睛與鼻子
陷於不睦

山

如此道貌岸然的
招待一位仁者
誠意是不被
懷疑的
現在我很清醒
我想借閱一下
你的風景畫

風

聽過妳笑聲的人
都說妳和善
那麼
請稍安勿躁
以免影響
妳良好的
名聲

時間座騎

一隻腳還在
昨日踟躕
另一隻腳就已匆匆
踩到今天
時鐘在一旁數落
其實我們都是在
時間中成長

森林中的故事
有我的童年
我的童年
已成為時間的座騎

路與足印
頻頻吻別
時鐘的嘀咕
就是生命喜悅的
禮讚

一壺酒

一壺酒是
一壺陳年的故事
讓我酩酊的
竟然是
那句美麗的謊言

一些歲月
掉落酒壺中
匆促發酵為
斷句殘章
總是無法組合成篇

一壺酒是
一壺燃燒的吶喊
世界醉成為
一曲悲歌
每個人都
賣力在唱

褪色的夜

彩霞的醉意褪了以後
一切都有虛無的感覺
幾根電桿站得很僵硬
整條街都沒有什麼生氣

休管沙龍裡有多齷齪
幾顆星星就可以
點綴夜的美麗
而霓虹燈並沒有給
夜帶來什麼，我們可以
找出許多證據
它是罪惡的幫兇者

後庭花一曲一曲的
在空中迴盪
不少人在夜街迷失
夜，終要逝去
一陣空濛後
內心又浮起一個意念
去借支明天

愛情四景（組詩）

──春

在島上我們煮
五十個春
妳說這已很久了
而我只是爐邊小立
時間是嫋嫋炊煙
冒出又消失
化作無比的焦灼與信念
化作妳的髮香
妳在我的心中小立
雖只小立
而我已覺得很久很久了

—夏

楊柳迎風搖曳
月亮在扶疏的
柳影中做夢
夏也有夢
夏的夢被蛻變為
急噪的蟬聲
而我的夢
卻是妳
無心錯誤的
設計

──秋

蕭瑟的秋風
抖落了一萬個回憶
垂垂老去的思念
也想再年輕一次
秋湖月落
浮起來的
竟然是一張妳
美麗的臉

—冬

終於，終於我尋回
失蹤已久的自己
喜鵲知道
牠曾經是報訊者
輕輕的踩過去
躡足於這飄雪的季節
有雪刀滑過妳的眉際
星星被凍得更藍更亮了
而終於我又要在
妳粉盒的雪堆裡睡一個冬

懷吳瀛濤兄

想必你已從
琅琅書聲裡羽化
華陰街已再沒有
眨眨的眼睛
小樓一燈如昔
你眨眨的眼睛
被焚成一窗滿滿的愁鬱
在「台灣民俗」裡也許
可以再看到
你木訥的表情
在那裡你該已酣睡
二十年了罷
我想你怎樣也想不到
二十年來，現代詩
已被寫成沙丁魚的款式

想必你已回到華陰街
每次我路過這裡
就看到你一對眨眨的眼睛
只是我再已分不出來
什麼是琅琅的書聲
什麼是
喃喃的誦經聲

海上落日

海鷗在
黃昏裡翺翔
晚霞把海水
染成金黃色

遊人散盡
靜靜的沙灘
留下許多足印
每一粒貝殼
都是一個美麗的夢

海鷗歸巢前
總要出現一幕奇景
海水與天空共爭
一顆燦爛的落日

怡園茶話

窗前對坐品茗
依稀聽到
兩岸啼不住的猿聲

台灣茶葉
故鄉的茶壺
倒出來的都是
一杯杯苦澀的
黃河　長江

天涯猶有未歸人
且止住話匣子
喝吧！喝吧
萬里江山
盡在
這一壺中

博物館

好像有些什麼要墜下來
自那高高的圓頂

幾根孤兀的大理石柱子
依然倔強地矗立著
倔強地在支撐
古老的歷史

幾乎是每個晴朗的夜晚
在外面平坦的走廊上
依然很好看的
展覽著一對對情侶的倩影

而在陳列室裡睡了好幾世紀的
魯班、孔丘、蔡倫、
吳道子……
卻不甘寂寞要上
圓頂去看看科學的列車
如何的被阻於
十字街頭的紅燈

王　幻卷

小傳

本名王家文，一九二七年出生於山東省蓬萊縣。來台後服務於新聞界及金融界，曾任報社記者、採訪主任、副總編輯、社長暨台北市證券公會總幹事等職。先後與詩友創辦「桂冠詩刊」、「中國詩刊」並任社長。現任中國詩歌藝術學會常務理事、中華民國新詩學會監事、中華美術家學會理事、中華和平統一大同盟秘書長、中統通訊社總主筆、聯合報導總編輯。出版的作品，計有：《鄭板橋評傳》、《揚州八家畫傳》、《黛眉小傳》、《屈原與離騷》、《晚吟樓詩文集》。以及新詩集：《情塚》、《時光之旅》、《秋楓吟》等三冊。詩歌評論集《詩人詩話》即將出版。

哈爾濱行吟

九隻吟鳥
排成一列人字形
自海峽此岸飛向彼岸
飛越蜿蜒的長江
　澎湃的長河
　巍峨的長城

拎著中秋月
投影松花江的花心
　做一個浪漫的夢

而夢與夢之間
激蕩高低不一的吟誦：
　詩是熱情的燃燒
　詩是真情的流露
　詩是友情的寫照

伸誠摯的手
把著呼蘭河的脈搏
探測黑龍江的鮫龍
在寒流中滾動

那太陽島的陽光
　　依舊溫暖
那荷池畔的楊柳
　　依舊蒼翠
那蕭紅故居的老磨房
編織理還亂的蛛網
描寫被塵封的逸事

嗣至這九隻吟鳥
迴翔另一個方向
哈爾濱只留下一行照影

∽王　幻卷∽

悼耿殿棟鄉長

脫下穿過
半世紀的醫生外套
放下為病人
解除痛苦的手術刀
未與相交的老友
說聲「再見」
便飄然的走了

你是為人
看病治病的醫生
怎會不瞭解
自身的病情？
更深切的知道
開刀的徒勞

不是主張
動手術者的愚昧
而是基於愛心

總希望用鋒利的刀
殺死那些癌細胞

唉唉！
一切都放下了
我想最後
你還會回過頭來
再看一眼那架照相機
它的鏡頭中
永遠攝下：一個
不朽的自己！

一片彩雲

——爲鄧麗君而作

踏著輕盈的歌聲
自五月的台北飄過
去到充滿
神話故事的小城
編織另一個彩色的夢

妳生於眷村
在克難的環境成長
自幼便懷抱
一顆紅過梅花的心
到處傳播
撲鼻的清香

把溫情帶給別人
將孤寂留給自己
妳的淚光像大星小星
總在夜空下閃爍
匯成一條長長的銀河

不要問一些
啞謎式的話題
人生註定有聚有散
恒是一片
偶然飄過的彩雲

貓王的新衣

一頭非凡的老貓
大快朵頤，小睡一覺
躺在冷氣房的沙發上
捫腹自笑……

撫摩肚中的鼠輩
當我把你們吃掉
這便叫做生命共同體
怪只怪在，爾等反應
太慢，悔悟已遲

意得志滿的老貓
惟一遺憾是尾巴太長
翹起來不似人類
夾起來做人又很彆扭

那就效法外國童話
設計一套貓王的新衣
以裝扮自己

經過三年的時間
裁製出一襲燕尾禮服
穿在身上，人模人樣
但終掩蓋不下
它的長長地尾巴！

∽王　幻卷∽

飄逝的戀曲

以鳳仙花
染紅她的小指甲
再悄悄地
把官粉胭脂
撲在小臉蛋上
就越發像一位
荳蔻年華的小姑娘了

春天來時
便穿起芳草色的綠裙
站在桃花杏花樹下
好讓來往的蜜蜂蝴蝶
品評花面紅
還是人面紅

往日的情懷
依然是風輕雲淡
自我的心湖飄過

而今只剩下
冷冷清清秋的音符
從月弦滑落
一串青澀

∽王　幻卷∽

罌粟花的乳房

我的出生地
有一個非常高貴的名字
它叫做「金三角」

這個三不管的地方
是冒險家的天堂
是毒梟的烏托邦
我生在那裡並在那裡長大
而且開著很美的花
而成熟了的乳房
不是一隻手
可以掌握的波霸

只是有一些
泰北姑娘嫉妒我
經常執著鋒利的小刀
在我傷痕累累的乳房
無情地割出白色乳汁

然後製成
又舒暢又痲醉又飄然的聖品
把人類的心腸染黑
做出傷天害理的事

於是全世界
皆詛咒我這波霸的乳房
這又不是我的錯
因我從未走出家門一步

要怪就怪
人類用自己的手扼殺自己
而我白色的乳汁
不為害人而流
不為貪婪而有

迷航之舟

縮不住的思絮
彷若未繫之舟
漂浮在夜的黑海
迷失了歸航的方向

還鄉的水路
鋪著倏開倏謝的浪花
成群的海鷗飛翔左右
伴奏低沉的潮音
為離人送行

以蛇腹以S形
蜿蜒滑過
白色的風帆
從馬祖駛往馬尾
從金門駛往廈門
從此岸駛往彼岸

羅盤的指針
定向西北西
展視曲折的海圖
測量直航的緯度
何處是：
最近的近距離？

∽王　幻卷∽

瞻仰戚繼光銅像有懷

我仰望
你按劍而立
讓渤海起伏的潮聲
述說你的生平

你自十七歲世襲父職
抱著為國立功的志氣
南至廣州城
北迄山海關
皆刻下你的英名
　不朽的戰蹟

是你統帥一手
訓練有素的義烏兵
轉戰東南海疆
打得日本倭寇
望風披靡，落花流水
如是戚家軍
成為黎民的保護神

及當東南平定
西北的烽火又起
你遂奉旨北上
鎮守京畿大門
抵禦胡騎的入侵

你衛戍薊邊
修築敵台三千里
練兵選將，更新武備
驅逐蒙古、俺答
不敢南下牧馬

微風生於蘋末
讒言起於宮牆
你以六十解甲
病逝於蓬萊的故鄉
未能馬革裹屍
乃是平生憾事

∽王　幻卷∽

橋的素描

可曾聆聽過
從拱橋的口中
唱出水鄉古老的棹歌

以小跳板的身形
塑造各式各樣的橋
乃人類智慧的發明
　意象的創新

從天上的鵲橋
到人間的藍橋
編寫無數淒美的劇本
搬至銀幕
賺取一掬同情之淚

在咱中國
最錐心泣血
莫過七七事變的蘆溝橋

日本的膏葯旗
竟貼在北京城垛的傷口
成為億萬同胞
撫不平的長痛

當然也有
極富詩意
人跡板橋霜的板橋
打著茅店月的紅燈籠
去探聽報曉的雞聲

王　幻卷

清道夫

都市的睡意正濃
早起的清道夫
穿著反光背心
佝僂著腰，沿街打掃

從這條街
到另一條街
從這條巷
到另一條巷
街頭巷尾掃個不停
為盡一己之力
替市區美容

把滿天的星斗掃光
把滿地的髒亂掃淨
惟一掃不完的
是一些文宣海報
　政治垃圾

劉建化卷

小傳

劉建化：原名可煖，筆名丁　尼，原籍山東省黃縣蘆頭鎮界溝劉家村，一九二七年十二月一日生。現爲中國文藝協會、中國作家協會、中國新詩學會、中國詩歌藝術學會、三月詩會同仁。曾當選中國新詩學會理事、中國詩歌藝術學會監事。歷任中國詩友、葡萄園詩刊、中國詩歌選編委，並創辦「桂冠詩刊」，自任主編，畢生愛好文學，垂四十餘年，曾出版「豐盈季」、「奔向」、「勝利前奏曲」、「英雄底塑像」、「還鄉拾翠」、「探親遊蹤」、「大陸名勝」、「故鄉思念你」、「故鄉風情畫」、「九歌之旅」等詩集；待出版：計「詩人雕像」（第一——十五集），及「靈糧」等三十五集。

春之奏鳴曲

扭二月底春晨
碧波飄起綠綠底長裙
舞著　在鍵上
妳來了　嬝嬝地來了
如一撮丁丁的美
　一株倩倩的柳
哦！妳是春日的浪

撥流雲的風絃
奏鳴一曲靈感的花河
春情恆在　意念恆在
遠山含著微笑
含著軟舌頭似的微笑
迎向妳　迎妳於虹橋上
哦！妳如春日的風

青春底偶像

觸及妳的夢茵　我思念
憶及妳的典麗　我渴望

如將不老　青春不在
如將不滅　光煥不滅
顯深邃的奧義于昇華
妳自域外而來　來自空靈
當我有所發現　在我心中

握一宇宙底華美
具一世紀底抽象
移植於此　如一晨金陽的英瓣
坐落於此　乃一尊綠色的造型

啊！億年萬世
妳的光將煥發人們的心向
妳的美將燦耀歷史的扉頁

達文西底畫像

在花叢下
而妳佇立
　低首
一如一朵月季紅
一株含羞草

靜靜
春之陽光
掠盆景輕輕而過
遺下妳的倩影于後
于畫之長廊
　靜默地方位

啊！我幻念的
妳確是達文西的畫像

小溪底星

柳蔭下　溪水澄澄
澄澄如鏡　澄澄如光
映現一形態之偶
　一飄零身影

青山疊翠　映於其內
溪流上　浮著藍藍
　　沉落那星
垂柳長長　長長如縷
波紋粼粼　粼粼如織
縷織一溪底漣漪
　一溪底夢幻於迴旋之中

妳從美底國度而來
來自波上　來自夢幻
啊！當我繾綣妳的時候
卻是那小溪裡閃爍底星

還　贈

我知道我——
不屬於妳底視線之內
而妳曾送我一瞥驚奇的凝視
一瞥　才祇是一瞥
卻會凝為永恆

我知道妳——
不屬於我那春天底雲
而我曾贈妳一顆默念的心
一顆　就祇是一顆
卻如火一般地熱忱

微笑　浮起一季春底昇華
眸子　閃爍一湖美底漣漪
啊！是妳還贈我以知音
就讓我化波而去
載著那雲　載著那星

昇

瞬間的瞬間
就在那一剎那的瞬間
我曾看見諸多地神奇上昇
自心靈之海　生命底春
上昇　上昇　上昇

那繽紛花瓣的
那金陽火葫蘆的
從妳的眼波裡
芬芳喜悅之流
卻湧起我的心中

哦！我的心中
一面旗昇起
一隻帶翎羽的小鴿子飛出
展現於視覺的領空

湖　景

曳長影姿深垂的斜度
　深垂覆面的凸眼
投以碧天清澈的深藍
蘊露一脈恐龍的游離

當風來時
山系默默　藏於水底中天
群樹蹈破古鏡的潤滑
　扭彎漪環的迴旋
復以千手奏鳴鱗起的波音

午夜的寂寥冷了
在黑色顫慄中
我沉潛於圓夢的聯想
　　　月色的空淡

恆持思念　思念無度
在虛無裡為星辰畫像
　　　為浮雲憂悒

回　眸

以上帝最原始的語言
翻譯星球上默與默的單字
并以惠特曼的聲讚
吟讀這神奇的一則新聞詩
哦！當妳一回眸的時候

視線與視線交眨著
編織一疋古老的七彩虹
眨落那多色的幻與夢
以及又總是打了一個艷陽天的小花結
啊！才衹是那麼一瞬哩

星與星喁語　確然地喁語
喁語那觸及的一瞬之一瞬
於是　達奧尼塞斯笑了（註）
我酩醉於妳一醇美的回眸

註：詳見紀德所著「德秀斯」（Diohys ds Zeus）之子酒神。

植

曾迷惘於
南方花季的瑰麗
異鄉人又一次結伴春信
步入夏日底長長花徑

而妳總是偕著綠色的五月
　　　　　綠色的芳馨
披一握彩羽輕逸的髮絲
匯入藍色多惱河的音流
　　　　　幽冷

妳終於跳著舞步來了
在揚起一泓夢幻底花季
愉悅撞擊愉悅　撞擊我的空靈
一回眸　如閃現柔柔的虹彩
一淺笑　如綻開朵朵的嫣紅

啊！是妳
深植著那人眼球藍底瞳仁

迴窺

就在千樹重圍的鬱林獨步
　弧形的邊緣臆度遁速
橄欖球與橄欖球移植
恍自僻沙荒漠裡發現活源
　汪洋浩瀚中展露島珠
我曾凝注著麥哲倫又一次擱舟的故事

而伊老以扭曲的經度垂直而來
且擎百褶傘裙拋影小立
之後　以無所寂然的寂然
滿溢一溪冷凝　一島孤獨
令柔和的流光迴窺
迴窺於我緣鏡底夢幻

孟夏組曲

從隱約溟濛的敻空深處
從喧嘩閉起的靜寂門扉
四月開著　音樂流著
迎妳以翠色的芬芳

戴紫色花冠的小女兒迎風走來
　　　　　　自火燄中走來
點燃夢境迸發出的玫瑰
散發牧歌奇異的音流
且輕逸地舞著　飄著
掠過血液跳動的恆河

妳恆以光煥的色澤覆蓋森林
　　金色底髮絲織著青空
在四月　四月開著
開於我感覺美底宇宙

綠色底潮曲

驚瞥於妳緘默的蕾采
自視線走索一衢冷寞的迴音
　　掠過一觸不可觸及的虛幻
曾以寂語的響聲震顫盈耳的鼓膜
美底豐澤　氾濫夢底泛昇

那誘然的幻慾之火
透自鬱鬱微隱中顯示
　　黝暗中光焚
炯炯之瞳展放一春柔淡的喜悅

山羊目與美人魚凝神
如在一泓清溪投影底重面
　　抑光底角逐
於默化玉顏的年代雕出不朽之憶型
祇為喜悅的心靈譜下一闋綠色底潮曲

復活季

自寂然地湖畔
我歸來　在園中
捧一盈月色的柔暉
喃喃地低呼一朵百合的清香

漫天藍夜恆是閃爍星子的媚眼
　　　　流著銀河的迴光
濯足於斯　梵立於斯
仰及妳如阿弗魯達特的美姿
在濛濛地霧紗之內
一如愛神的典麗飄逸

哦！這是生命的復活季
當一季綠色迤邐著綽約的旋律
我遂擁向蒼幽幽的古林
　輕揚著四月的戀曲

註：阿弗魯達特（Apbrodite），原載紀德所著「德秀斯」描寫希臘神話中愛與美女神。

臆

依然追逐歲月齒輪的旋向
　橫渡夢痕匯總的脈心
沐浴於物化之外的緣際之流
臆測世紀末將要隕失的光年

醒宿光極　醉迷六始
　　醉於圓鏡之夜

頓悟一隱現之閃
一菱晶透視的誘往
自零野的視感尋覓於迢迢的茫然
　　　　　　鬱鬱的意結

終時聆注　在迴盪的夢境
彈奏七弦琴的柔韻之最
靜听一膈顫慄的春歌
妳我原是乘時間方舟而來而去
從挪亞逝去之日　惟真理是舵
而我們卻以色素的信息
流傳荒枯的誓言　不朽的語音

摘星朵的戀者

倘若妳是雅典娜的隱現（註一）
　阿蒂密斯化身（註二）
就讓我以孤獨的詩人之唇
飲妳智慧之瓊漿
　甘美之清泉

我被馥郁的芳馨迷醉
　醉於真善美的國度
引入月宮翡翠之湖
伊確是一顆爍光熠熠的星子

摘星朵的戀者啊
曾經摘下一串繁星
綴在妳的髮上
　我的夢中

註：一、Athehdc希腊神話中司智慧女神。
　　二、Aytemis希腊神話中司追逐與月之女神。

幻　舞

夏之季　風邀陽光攜手
幻舞於海上　幻舞於長空
扭曲自己　扭曲宇宙
扭曲於藍藍與藍藍之間

伊的倩影隨舞步之履尖
踏豐草綠茵自南方姍姍而來
雲的裙裾　飄飄然
飄動幻影　飄動孤零
飄動於寂然與寂然之堂奧

夢般地　妳在其中
以幻舞之姿蕩蕩然
一款步　美底旋律不斷地延長
一擺腰　蜿蜒著曲線妙曼地滋生
花靨笑放　群鶯迴飛
如前　如後　如左　如右
幻舞於島上　隱現於朦朧

幻底超渡

置羽化的思維
於裝滿一葫蘆的鬱結
　一荒谷的靜默
遂念及五月百合的盛開
　以及因果收穫的季節

妳棲身培爾耐斯山麓（註）
　曾超越時間匯成的渾濁
而後　渡過死亡的卡門
　步出黑色的隘路

乃昇華為雲　為虹
　為一剎那底光燦
把幻慾投入野火中烈烈地焚燒

妳如星子　焚夜空的黝暗
妳如彩結　綴人生的幻麗
若夢是一方畫布
就讓我把妳底形像描繪於夢中

註：Parnasse 希臘神話中文藝女神居住山名。

索

妳如一株髮叢之樹
植根於地殼中姿意伸展
握一綠垂底串串微粒之隱形
顯現單純元素之蔟類

總把渴望埋入沉思的悒鬱
　　灰色的冷寞
蜷伏於黑繭中蹀躞
　囚於幽室內虛度一生

而妳何不涉影綿延步符
　　沿緣上昇
彈奏寂然激起的迴度
邁向淨化的午夏躍火季

恁翠綠覆蓋密葉
讓紫色底蓓蕾展示風姿
　青色底果實煉出瑰粒
而後　跟陽光浪子索取永生

褪了色底夢幻

如是江河之流的朵朵浪蓓
總是開了又落　落了又開
島　卻以司芬克斯之姿
踟足衆香國裡
做霧色底摘星之夢
然後　再以幻底朦朧
築寂寞的金屋於其內

微風吹彎了一江春水氾濫
偏又吹綠了一堤細柳低垂
妳我曾併肩划生命底小舟
如一對沙鷗要去追尋銀色底夢

而今　那擂不鳴的金鼓
　　褪了色底夢幻

又總是在虛無中縹緲　躞蹀
　　　　　　　躞蹀　縹緲

林恭祖卷

小傳

林恭祖，號思謙，福建仙游人，民國十六年十月生。國立臺灣大學文學士、美國藝術文化學院榮譽文學博士。曾在臺灣省教育廳編審委員會、臺灣省立博物館、國立故宮博物院擔任編輯、編審、研究及編纂等工作。公餘在大專院校兼授文史，歷任世界詩人大會代表、全國性公務人員高等普通考試閱卷委員、中華學術院詩學研究所研究委員、中華民國詩書畫家協會古典詩推展委員會委員、中華詩學雜誌社總編輯。民國卅九年獲臺灣詩壇徵詩優勝獎、六十二年獲亞洲詩壇徵詩首獎、七十五年獲中山文藝創作獎、七十七年獲中華民國詩人節慶祝大會優秀詩人獎、七十九年獲振興詩運獎、八十二年獲教育部宏揚詩教獎。著有移山塡海集、光輝吟、林外詩稿、詩與歌等詩集。

三月交響

三月，處處是美妙的樂章
風兒在林梢吹葉笛
雨點在琉璃瓦上彈古箏
千山鳥歌不絕
四海潮音清越

我們也站在曲水畔
接周公流傳下來的羽觴
飲一口蘇東坡的洞庭春色
朗誦王羲之的蘭亭序
杜甫的麗人行

合天籟地籟人籟
共奏一曲「三月交響」

五指之歌

我們以箕斗為圖騰
以掌心為腹地
不分大小
不摩拳
不擦掌
團結在一起

能做的，我們就做
從播種到收成
從破土到落成
從鈔寫到集大成
我們無不竭力合作
日有所成

閒暇時
我們是音樂家的五線譜
還親自在同樂晚會中
為大家彈古琴
讓每一個指頭
都在絃上發出美妙之音

拉賓之死

上帝的子民
總是背著十字架
六日戰爭
您是扞衛以色列的自由鬥士
如今，又為中東和平
奉獻了生命

不死於戰
而死於和
舉世的天線，為
受盡苦難的悲劇民族而悲泣
槍彈最無情
不如橄欖枝之可貴

您的鮮血已化為甘泉
灌溉約旦河西岸
迦薩走廊
戈蘭高地

西奈半島
以及耶路撒冷

總有一天
中東這塊充溢
牛乳與蜂蜜的土地
茁長橄欖樹
伸出和平的聖手
為世界祝福

後記

一九九五年十一月四日，以色列總理拉賓，在特拉維夫列王廣場，舉行十萬人之和平大會。會後，遭猶太極端分子艾密爾開槍行刺，身中三槍，送醫不治死亡，成爲以色列建國四十七年以來，首位遇刺身亡之政治領袖。哀痛之餘，詩以悼之。

眼

左眼看不到右眼
右眼也看不到左眼
因為當中隔
一座高山

雙眼，只好往
前看，往
上看
看浮雲的變幻

竹　語

凌霜、傲雪
如無勁節
骨頭早就軟了
也談不上虛心

在金瑣碎、玉琤瑽的天地裡
任枝葉參差、瀟灑
領一縷清風，拂一片行雲
早上與太陽捉迷藏
晚上與月亮共起舞
滿天星斗，都是篁家貴賓

文同曾在篔簹谷為我們寫生
蘇東坡也為我們題詩
我們欣賞「無聲之詩」
更欣賞「有聲之畫」

山谷偶起亂雲
樵夫乘機打劫
具有方圓血型的我輩

絶不受斧斤威脅
頭可斷，骨可碎
只要根在，篁家子孫
就會揭竿而起
密翠浮天
讓竹林七賢的後代
繼續與我們往來

舟子以我們為篙
一篙寒水，不知渡過多少遊客
在篙師洗禮的歌聲中
我們復活了

工人以我們為簣
與扁擔合作
彷佛泥土有腳
一簣又一簣，為世界
新造另一座高山

農人以我們為簸箕

感謝摻摻女手
簸去糠秕
但見顆顆圓熟的穀粒

齊太史以我們為簡
用他的血，注於簡上
化為汗青，垂耀千古

漁父不仁，以我們為笱
魚入其中不得出
張口擺尾，如泣如訴
蛟龍視而不見
只有海鷗向漁人碼頭抗議
為何不讀谷風
「毋發我笱」這句詩

還是吹洞簫之客好
集萬籟於一管
嗚嗚然
吹出我們這一代心聲

最民主的一次選舉

天下是天下人的天下
人老了，不能再戀位
唐堯盼烝民直接薦舉賢能
好使他提早禪讓

許由，有才有德
大家都一致薦舉他
但他高懷灑脫，視天下如敝屣
一聽薦舉，逃隱箕山

唐堯雖失望
仍愛其才，更愛其德
徵為州長，他又去潁水洗耳
生怕受政治污染

八元八愷，一時才俊
可惜年青，聲望不夠
又是紈袴子弟
如薦舉，反受其累

四凶，是暴力、奔競之徒
不斷假造天意、脅從民意
唐堯不但不受其蠱惑
還破解他們種種陰謀

丹朱，堯之子
雖不肖，仍有人推舉他
唐堯大公無私，毫不考慮
不能以私念污損公器

遍訪九州
尚未覓得理想的人選
唐堯求才心切
一連幾夜都在做禪讓的夢

喜聞歷山有個種田人
生於暴力家庭
居畎畝，能曲盡孝道
人人都說他是大孝子

唐堯聽了，如獲甘霖
特地兼程訪問
果不負所望
找到天與人歸的姚舜

這是最早最民主的一次選舉
不競選，不拜託
不勾結金牛、黑牛
而是牽著土牛，走上受禪之路

太　陽

每天，我從暘谷出發
臉上掛著一絲微笑
向世界問好

復以無限的榮光
熾熱的摯情
為人類祝福

走、走，從遠古到現在
不知踏出多少黎明
也不知踩過多少黃昏

別說黎明是旅程的起點
也別說黃昏是旅程的終點
天道循環，終點就是起點

我眼中只有黎明，沒有黃昏
黎明是暘谷發出的光與熱
黃昏只是咸池的帳幕

浴後，我喝一杯酒
帶著幾分醉意，休息
準備明早再出發

天河夢

昨夜，我夢游天河
像蜻蜓
在星、星之間
點水而過

順手
摘星星
編成星履
準備穿回家

星在滴淚
向我抱怨說
我們是天女的明眸
不是足下的裝飾品

你以此為樂
我們卻以此為憂
人世的邪惡
不可帶到天上來

快送我們回去，逾時
天帝必決天河之水
淹沒這個世界
你也將無家可歸

狼

狼，披著羊皮來了
不是化裝遊行
也不是表演魔術
只是迷惑羔羊的陰謀

他，肩高聳
而尾下垂
以斜眼視物
一顆野心在跳動

他，自導自演
以狼牙為指揮棒
教羊唱山歌
跳狐步舞

忽而一聲長嘯，撲向小羊
不意羊皮掉落，獵槍響起
他在彌漫的煙霧中
踏著狐尾草，落荒而逃

玉的沈思

天地孕育我
我在崑山中沈睡
還做環繞地球的連環夢
一夢就是一萬年

自我剖腹而出
世人視我為寶
以璧祭天，以琮祭地
我就成為祭天地的神物

卞和，一再為我受罪
藺相如，也以
生命與秦王抗爭
完璧歸趙

如今，我家
惟一的翠玉白菜
險些被丁零人偷去
餵蘇武的羊

還好，仙人以我為玉尺
我要為天地量才
詩人以我為楮葉
只要刻好詩，三年一葉也好

盲　像

攝影最怕眨眼
一眨眼，便成了盲像
如站在陽光底下
做白日夢

盲於一時也好
切莫眼盲心也盲
以黑為白
惑於種種假象

汪洋萍卷

小傳

汪洋萍，民國十七年生，安徽省岳西縣人，曾任軍公教人員四十三年屆齡退休。現為中國文藝協會會員，中華民國新詩學會理事、中國詩歌藝術學會理事、秋水詩刊編委、三月詩會成員。曾獲教育部新詩創作獎及多次徵文獎，著有「心影集」及「心聲集」詩集，「萬里江山故園情」散文集。

詩　人

詩人
好響亮的名字
好文雅的意象
羨煞了不少人
迷惑了不少人
誤導了不少人
往往也自我迷失

詩人說話　有時
怪聲怪調
吞吞吐吐
神秘兮兮
故弄玄虛
使人莫測高深

詩人的形象
雖然有些詭異
在透視鏡下
一如常人

秋的獨白

在這四季如春的寶島
我的風華盡失
沒有紅葉黃花
供詩人詠懷
我引以為榮的明月
也蒙塵暗然
我已不是人們心目中
豐收的季節

詩人啊
別忘了
在另一片天空
我的風華依舊
等你去品評
桂子飄香
金菊情韻
欣賞
我的風和月

「一九九五」之謎

一九九五
有人説是災難將臨的
警訊
顯得惶惑不安
有人認為是榮華富貴的
密碼
期待及時掌握
只有那些
樂天派和白痴
無動於衷

一九九五、九六、九七
甚至……
都是死亡陷阱上的天梯
不自甘墮落
就背起行囊
拾級而上
自求多福

大草原的故事

春夏秋冬
隨著季節更換佈景
上演遊牧民族的歷史劇
周而復始

編劇兼導演
隱姓埋名
主角和配角
自然更替
愈演愈精彩
延續了傳統
也創造了傳統

除非天崩地裂
劇場塌陷
這齣連續劇
將會不停地
演下去

竹語

雅士待我如上賓
和松、梅平起平坐
為莫逆三友
與梅、蘭、菊並稱
四君子
相伴於廳、堂、樓、閣間
備受禮遇
卻有幾分寂寞

俗人視我為伙伴
筷子、扁擔、籮筐、涼蓆……
我都曾扮演過
有情趣
有甘苦

有人稱讚我
雅俗共賞
我也賞遍了世間的
雅與俗

愛神的傾訴

到處都有
歡迎我的廣告　招貼
我一一登門拜訪
都被惡犬攔阻

有權　有錢　有勢的人
齊聲歌頌我
卻緊閉心扉
拒絕我進入

科學愈發達
物質愈文明
生活愈富足
我愈受歧視

我懷著滿腔熱忱　想
打開你們的心結
化解你們的怨恨
你們竟如此對待我

秋水詩潮締盟

秋水悠悠
詩潮漾漾
隔岸相思
已久

於今搭起
心靈之橋
讓愛神往來
傳達衷情
將愛的種子
撒遍兩岸

長出愛的根苗
綻開愛的花朵
結成纍纍果實
滋養中華兒女
惠及世界人類

花之頌

妳的
亮麗容顏
百態千姿
美化了這世界
芬芳洋溢
充滿人間

畫家繪妳
詩人詠妳
衆生見妳
就心生喜悅
妳是友誼的使者
愛情的橋樑

妳不媚而嬌
不言而喻
妳的風韻
妳的魅力
誰能與比

玉的情懷

我在名山修練千萬年
也曾在河底與砂礫為伍
本名璞
只想隱居山林

慕名者來尋訪
為我改頭換面
引荐於紅塵
使我既尊且貴

得意時風光於歷史殿堂
或與名媛淑女相伴
落魄時被迫淪為末流
只聞到穢氣與銅臭

欺世之輩善偽裝
冒我的名
毀我形象
情何以堪

孝道觀感

己身由出
由己身出
走出一條長長的
孝道　道上
老者有尊嚴
幼者有教養

經時光浪濤的沖刷
出現五光十色的
代溝　使人
頭暈
目眩

是警訊
是喜訊
是危機
是轉機
憑你的智慧　去
解讀
因應

遠　方

哈伯望遠鏡傳回
五十億光年外
星群的亮麗圖象
那就是
基督的天國？
佛祖的極樂世界？

考古學家挖出
六千五百萬年前
恐龍蛋化石
分離出基因比對
與人類的基因相似
難道恐龍是
我們的祖先？

我關懷這立足的
時空交會點的未來
也嚮往那遙不可及的
遠方

雨的戀歌

當我是一片雲
在天幕上任意揮灑
繪成動感的潑墨畫
詩人謳歌讚美

我降為甘霖
滋潤龜裂的大地
哺育萬物
受惠者齊聲稱頌

霜露冰雪
是我的化身
江湖河海
是我的驛站

當我騰空為雲
是我的生命
再一次輪迴
我難忘情所扮演的角色
心中有譜不完的戀歌

春

將寒冬趕走
拒炎夏進來
經營綠色大地
讓種子發芽
催百花吐蕊
將原野點綴得萬紫千紅
釀出勃發的生機
給人們新的希望

從我身上踏過六十七遍
引領我度過苦難
提攜我超越險阻
在我臉上留下履痕
獎我銀色的冠冕
安置我在最後的驛站
待我比以前寬厚
又給我一個個
新希望
我還是心存貪婪

橋的心聲

為你們方便
我弓著背
無私無我地奉獻
只求你們
不要虐待我
別讓我負載超重
莫扯我的腿

我默察
你們心靈的鴻溝
難以跨越
猜忌與衝突
越演越烈
我願充當使者
請愛神往來遊說

牽　手

走過千山萬水
來到這天涯海角
與妳牽手

度過悠悠歲月
嘗遍苦辣酸甜
才知人生滋味

風已停
雨也止
眼前一片亮麗

海闊天空
並肩欣賞
晚霞夕照好光景

倘有來生
但願與妳
再牽手

往　事

我倆曾經作過
相同的夢
有的夢已圓
有的夢已碎
已圓與已碎的夢
仍常在我的夢中
出現

近在咫尺
又像遠在天涯
幸有靈犀一點
常使我倆
同懷念
往事

風雲戀

妳是一片雲
我是一陣風
我倆不期而遇
度過那
美好的時光

相聚很溫馨
分別也瀟洒
帶著戀情
各自尋夢

有時擦身而過
驚鴻一瞥
從彼此的眸瞳中
流露出
甜蜜的回憶
期待重逢

山水情

妳是一座翠巒
濃密的相思林裡
鳥兒歌唱
虫兒伴奏
蝴蝶翩翩起舞

我是一條小溪
環繞著妳
帶領魚群獻藝
粼粼的波光
陣陣的漣漪
呵呵不停為妳喝彩

日以繼夜
夜以繼日
相互依戀
編織著美麗的夢

偶　感

我糊裡糊塗
頂著長子長孫的榮銜
來到人間
帶給家人歡欣
我也備受寵愛

人間確實美好
有無限的發展空間
欣賞不完的美景
享受不盡的文明產物

卻有妄人
製造仇恨
掀起戰爭
逼我走上坎坷路
展望未來
人禍將甚於往昔
我為子孫憂

金　筑卷

小傳

金　筑，本名謝炯，又名光鎰。貴州貴陽市人，一九二九年出生，早年從軍，篤信基督。國立台灣師範大學畢業，從事教育工作多年。五十年代初開始寫詩，曾加盟詩人紀弦所組的「現代派」。爲《葡萄園》詩社同仁，現任《葡萄園》詩刊主編、《黔靈報導》執行編輯。中華民國新詩學會及中國詩歌藝術學會理事，世界華文詩人協會創會理事，三月詩會同仁。擅長新詩朗誦、舊詩吟唱及聲樂。尤對新詩朗誦有突破性創見及表現，曾在台灣和大陸各地朗誦，所到之處皆風靡，獲致嘉譽。著作有《金筑詩抄》、《上行之歌》等，曾獲頒《詩運獎》、《中國文藝獎章》等。

夜歸人

飄……
　倦怠了的尾巴
游曳於打烊的街道
喘息　腳步沈重

需要　需要
伸乾癟的手
渴求　渴、
　水……
　　以及……
步履　踽踽　蹣跚

唉唉……
　休息是迫切的
茫茫……
　十字街頭
願
　所有都死去
所有都復活

時　間

奧祕　一條無止盡的長線
打從起初就有了
何時開始不為人知
正如空間之袤廣　無人知
七彩之變　　　　無人知
生之泉源　　　　無人知

敲擊分分秒秒的節奏中
人類擁擠　蟲魚擁擠
野獸擁擠　植物擁擠
生物擁擠　無生物擁擠
存在擁擠　名利愛情擁擠
何其喧嘩　煩囂　錯雜
然而　秩序井然　一切平穩

漫長的延長線
我們在一點上生活　終結
人類卑微　可憐　幼稚
一聲嘆息　瞬即消逝

修　女

生命樹　長在天國的門前

樹　披著黑色的風
花朵　淡淡的　慘白的　冰冰的
沒有夢
未唱出的歌　就先瘖啞
笑　冷寂而莊嚴
冰冷的言語充滿奧義
眸子間點亮的燈光
照亮罪人的去路

是的　永不會結果子了　永不會
樹　應該結果子的　各從其類
而　這生命樹
是永不會結果了
卻又果子繁累

失　眠

世界
因我而儆醒
　我是王
該死的已死去
　想死的卻還活著
噬金牙齒說夢語的
　　一句　一句……
烏托邦的世界
　舞蹈　正燃燒女孩子們的裙裾
　紫色的葡萄酒流溢
　盜匪　神經患者橫行
沒有警察　沒有士兵
沒有法律　沒有秩序
無罪的宣判　死刑　死刑
我　王　無力統率這紊亂
　　　的世界

心　　鎖

兩岸的戰火
從星星點點　而偃旗息鼓
快半個世紀了
在山雨欲來
美麗的島
屹立成風標
堆砌起了金山
擎起的大纛
招展另一形式
如今
卒子橫越楚河漢界
經濟漂洋過海
文化展示不同的風貌
也不再舉目不見長安

深鎖的心結　依然如故
誰是那撈起
沈淪海峽鑰匙的
智者

詩　人

悠游似風流動
閒散雲影飄忽
蓬勃的情感　火辣辣的
好像從地心湧出
在午夜光輝烈烈

心靈美如上帝的傑作
思維奇異
幻變多元的姹紫嫣紅
意象中的神采
有特殊的架構
生發新的程式

在物我超然
與錯亂的現實中
常展示
超現實的視景

一九九五的希冀

時序　又翻越一座關口
舊的歲月　歸檔存查
對你的思念仍就依依

瞻矚另一個開始
充溢
新鮮　好奇　希冀　光明
且有挑戰性

掌握住契機
迎接任何橫逆
親吻無限的祝福
挺胸　昂首　歌唱
大步向前
一九九五年　呈現出
一片璀璨
翩翩你我的風采
我們握手
巍峨起一座新的詩魂

游方的雲

那雲　游動　向
無垠
向東　向西　向南　向北
向沒有方向的方位　而
杳遠

在時間內
渰湧向無限

飄然於
虛靜的大氣
浩然成
廣漠的視野

游方的心　噙含離淚
無蹤　無影
永遠　永遠　沒有
駐足

大草原

馳騁　跳躍
　奔騰　飛翔
在心靈的大草原上
駐滿理知　和悠悠的詩思

在這裡　有
　白馬王子的瀟灑
　　白雪公主的麗影
米老鼠的靈精
　小鹿斑比的踴躍

在這裡
　祥和一片歡笑
　靜謐似止了的心跳
　盡情狂歌　任情哭泣
舞起來的夢　是新體系的造境
盪起來的春意　馥郁百花繁放的風情

∽ 三月交響 ∽

沒有警察　秩序井然
沒有武裝　橫逆不生
有生機的脈動　卻無污染
有諧和的旋律　卻無群體的鼓噪

展翅上騰的
　都是愛的翅膀
每一個笑靨
　都是天使劃上的圓

自成的天地
　烏托邦的視境在此展現
　我是王　是主宰
遨遊在這無垠的大草原

無語問蒼天

竹馬
馳騁的天空
星星　月亮　太陽
彩虹　白雲　清風
以及妳的姿影
錯綜成繽紛的童話

躍上了戰駒
縱橫苦難的大地
生命　巍巍然
妳的魂影
濛濛的縈繞我孤寂的青春

魚雁杳杳
只有夢　是凝聚的回游
奈何
夜夜　非林
沖洗不出
廣角鏡頭的思愁

往矣　四十載
咫尺的距離
綿亙無盡相思的路
及至歸來
山依舊　水依舊
情依舊　而妳
青塚成了荒丘

風靜止無聲　青梅的伙伴
飄然逸出時空
我獨自踽躅
舉昏花的老眼
仰首翹望
長空茫茫　我噓唏
向蒼天　　我默默

蓼莪新篇

是天性　造物者的律度
自然的法則
　宇宙顛撲不破的真理
是人性　崇高的範疇
道德的伸張
　倫理中堅實的一環

從血脈的延流中
匯成生命的河
灌溉炎黃的族群
美麗的傳承
流淌為心中的規範
綿亙數千個春秋　於是

黃香扇涼夏夜
　烘暖了冬天
孟宗的血淚感動天地
　一夜間　催熟了竹筍
閔損的長袂　翻彈出的蘆花
　與霜天雪飄媲美

王祥臥冰　將嚴冬燙傷一個大洞
　躍出昇騰的金鯉
老萊子古稀的風範　返還童真
　舞踊娛親　傳誦千古
……
精誠震撼天地　金石感運而開

孝感　屹立成碑林
孝順　高聳起牌坊
孝道　懸掛為扁額
孝行　彰顯宇宙奧祕的天性
　高貴了人性的情操

華夏的邦域
飄然蓼莪的詩歌
是五千年文化的主流
歷史文明的雲彩
燦爛了古老東方的天空

綠　竹

從古至今　猶領風騷
讚美歌頌之聲不絕
如今
風姿依舊　美譽依舊
修長的形影更加清癯了

而平凡的
將自己交給艄公
篙渡人間有緣人
脫離苦海　釋去重負

或剖為二分　橫成扁擔
挑起人世的苦難
一肩擔起古今愁
使一些忠義之士
丹心於汗青史冊

在寒冬　歲末
朋集　松翁　梅姬
暢飲冰雪　冷餐寒風
鼎立於冰封苦凍
贏得歲寒三友的雅譽

而強健的張力
寧折不屈
絕不依投攀附
游韌的性格
屹然於冰天雪地
獨釣江雪的丰采
成了不朽的詩情畫意

堅絕地
把生命的綠給了四季
隨著環節　天天升高
指向藍天　指向白雲
那是永恆的理念

遠方的呼喚

模糊又清晰　忽明又暗然
晨曦拱托出的旭日
開始勾勒人生的燦爛
充滿引力　遙遠澄清的異象
呼喚我　招引我
成了我的力量　我的勇敢

當春花繡朵密織
瓣瓣繁放心靈的純美
我幻化為詩神
徜徉在柔柔的憧憬
飲醉了甜甜的山光水色
遠方的呼喚
高頻率自雲端傳來
駐足的心　奮起狂奔
蒼翠的風景
使仲夏的喜與力

流轉向開敞的藍宇
卻讓寂寞鏽蝕無一點綠意
過往的美好
迎著心的苦萋
醉成了淡淡的遺忘
而你的微笑　自天際漾波湧出
我心的傳播　應和著無邊無涯的共鳴

當淒風苦雨淚灑雲天
秋風颯颯飽掬潸潸的霜霧
所有的夢境　彩姿般陳列
我留連　徘徊　楓紅片片
幾乎醉成淒切的秋蟬
最終斬斷所有情韻
凝結成青銅般的堅實
遠方的呼喚　使昇騰的初心
勇猛如脫兔　在夕暉中躍去

習習的雪飄
似引領的魂旛招展
呼喚我　遙遠的景緻
清麗若原始的伊甸
只要跨出時空一步
似幻　似真　似影　似實
立即化為永恆

憬悟中　但見
凝結的景象
融遙遠於咫尺　咫尺於心靈
融入呼喚之源流　沒有距離
我安然
靈魂之深　熠熠閃爍一顆長明的星

張　朗卷

小傳

張朗，本名張領義，一九三〇年九月二十二日生，原籍湖北孝感，現定居台灣省台北縣淡水鎮，大同工學院機械系畢業，曾服役軍中，退伍後曾任教大同工商，現又退休，寫詩自娛，曾出版詩集三本《一千個希望》《漂水花》及《淡水馳情》。目前不屬於任何詩社。僅爲《三月詩會》同仁；詩作量大減。

詩　人

走過歲月
走過生老病死
都是過客

走過愛情
走過悲歡離合
都是過客

走過奮鬥
走過成敗榮辱
都是過客

一路走著
一路高唱自己的歌
我是詩人

一九九五年

如果是一脈深山
我要到最深處
尋覓一株空谷幽蘭
毋論山徑如何艱險

如果是連綿沙漠
我要到最荒旱處
等候一聲悅耳的駝鈴
毋論前路如何難行

如果是是無際大海
我要到暗流最急處
採一顆光潔的珍珠
毋論風暴如何驚怖

可以哂笑我的愚行
當你閑閑觀賞四時風景

回音壁與鏡子

常常想
如果妳是一面回音壁
我輕輕一聲「愛妳！」
妳即應一聲「愛你！」
我不停地說
妳應個不停
就這樣簡單的語言
就這樣簡單的愛情
生生世世

也常想
如果自己是一方明鏡
妳對我盈盈一笑
我也一笑相迎
妳的笑如春花展瓣
我的笑是春花弄影
就這般單純的表情
就這般單純的婚姻
世世生生

問

兩岸隔離之後
媽，二十幾年中
您不停地問我身在何處
問我的歸期
沒人能告訴您
神也不能

通郵之後
媽，您早已不問了
帶著對我的思念
去到了另一個世界

飛完幾千里探親路
媽，我問您的葬身之地
（想在您的墳頭添一坯土）
神不語，蒼天不語
親戚，只指向亂葬崗上的
滿眼蓬蒿

雲之戀歌

最初的仰望　在童年
在童話的長空
行者的代步
仙女的裙裾
隨風飄揚，飄揚著
啊，那穉幼的神往

奮發的意象　在少壯
在扶搖的夢裡
大鵬的翅翼
破浪的征帆
載馳載奔　奔馳向
啊，那萬里的征程

駐足回首　在中年
在驀然醒悟中
漂泊的哀愁
蒼狗的感嘆
默默相對　欲語無言
啊，那銷魂的黯然

於今盤桓　我鬢已頒
妳的風貌也迥然
詩情的灑脫
楓紅的美艷
流連低迴　繾綣依戀
啊，時光
請將腳步放慢

我的書齋

一方舟　在妻小的
歡鬧聲浪上
顛簸下班歸來
飽飯黃昏後的航程
向詩的水域

靈感是常過訪的海鷗
留下一個姿影
或一聲嘎嗚
——我發表的，退稿的
詩篇

海濱偶拾

面對
一波一波撲過來的海濤
不禁想起我的一生
一次一次努力向前
衝上去　又退下來
退下來　又衝上去
只激起騰空的怒浪四濺
只響起萬馬奔躍的轟隆
命運的巨岩
仍然擋在那裡　屹立不搖
甚至，不改亙古的蒼冷

鑰 匙

生命是一把鑰匙
握在上帝的手裡
未經同意就為你
開啟了百年歲月風景

愛情是一把鑰匙
握在自己的手裡
可以開啟數十年
悲歡離合，如果你願意

成功是一把鑰匙
但必須先找到它
才能開啟生之威榮
或者死後的不朽

而我牢牢握著的
是本性，只能為我
打開進入孤獨宮殿的
那一扇黑色的大門

筷子的聯想

有一位詩人
把一雙筷子
比作一對恩愛夫妻
共嚐酸甜苦辣
令我不禁想到
妻和我真像一雙筷子
二人通力合作　總想
從生活中夾起些許甜蜜
卻被命運的手
牢牢握著且頻頻
伸向辛酸

無　題

第一次被人唾罵
我回來閉門自省
第二次被人唾罵
我回來閉門深深自省
多次被人唾罵之後
我回來放聲大笑

從唾罵中　認清了
自己不同凡俗的本性
從唾罵中　也看清了
江河日下的世道人心

故意缺題

你不信
苦戀是毫無報償的自殘
你不信　一見鍾情
就註定了一生姻緣
而你追逑了三十年的女子
一見那人　就展露了
你從沒見過的歡顏

勸你：男女相悅不能強求
你偏堅持：精誠能開金石
她挽著那人的臂膀
已步入百花盛開的庭院
你仍捶籬撼闥　泣血哀喚
「回來啊
　快回我懷抱來
繆斯，我的至愛！」

夜　思

——兼陳詩人（余光中）

仰望夜空
突然，我的幽思
以超光速
飛躍時空之上
俯視宇宙
銀河，只不過
時光長流裡的一個漩渦
太陽，只不過
漩渦裡的一個泡沫
地球，只不過
泡沫邊緣的一滴水珠
卻喜見這小小水珠上
有神自稱宇宙的創造者
有詩人與永恆拔河

悲哀的射手

——父親節悼念父親

當年
常常迎著朝陽看我
像看一支利箭
您是很自信的射手
想像　有一天
將我射入青雲　化作
一隻大鵬　而您
永恆的遺憾是
一直沒找到那張強弓

告　別

自從領悟到
人生最大的快樂
是超越自己
我便著手用汗漿
把未來的日子
砌成一路向上的石級
每天清晨　愉快地揮手
告別昨天立足點的高度

太陽說

朝陽說
我是一盞讀書燈
照著你　從頭
閱讀今天
（盡心讀吧
只有機會讀一遍）

夕陽說
我是一個金色句點
讀到我　你已經
讀完今天
（有無心得
自己心裡最明白）

諍　友

——陳向明詩友

面對你
如清晨裸立鏡前
沒有驕傲
也不覺羞慚
只在想
怎樣令醜陋處逐漸美化
怎樣令亮麗處更其光燦

白雲說

看到我用自己的潔白
襯托長空的蔚藍
你該能體認到
成人之美　會令
自己更其明麗

看到我用朝陽的光芒
渲染自己的燦艷
你該會想得到
接受他人的優點
會令自己更璀燦

當我閑閑如野鶴
又是另一種寫像
——無欲無憂者的
瀟灑與坦蕩

∽張　朗卷∽

禮　品

通常，貴重的禮品
多安放在華麗的錦盒中
外面再加悅目的包裝
還有鮮艷的彩帶
結繫著濃濃的情意

只有命運的餽贈
外表迥異
接受者必須耐心剝開
層層挫折和失敗
才能得到祂的恩賜
——成功

麥　穗卷

小傳

麥穗，本名楊華康，浙江餘姚人，一九三〇年出生於上海市，一九四八年來台服務於林業單位三十餘年，一九五一年開始寫詩，曾加盟紀弦發起的「現代派」。曾擔任過《勞工世界》月刊主編，《現代文藝》月刊編委，現爲中國文藝協會、台灣省文藝作家協會，中華民國作家協會會員，世界華文詩人協會理事，中國詩歌藝術學會理事・秘書長，中華民國新詩學會理事・副秘書長，第十五屆世界詩人大會籌備委員・秘書。三月詩會同仁，《秋水詩刊》編委，《林友》月刊主編，曾獲頒第十五屆中興文藝獎章新詩創作獎，第三十五屆中國文藝獎章新詩創作獎，一九九一年詩運獎。著有詩集《鄉旅散曲》，《森林》，《孤峰》，《荷池向晚》，《麥穗詩選》（北京版）及散文集《滿山芬芳》等，編有《三月情懷》詩選。

方竹

同樣是高風亮節的象徵
在風裡雨裡
也都能表現得瀟洒飄逸
然而
所有的竹幾乎都是
圓圓滑滑的

唯獨你
方方正正地
與衆不同
因為你的稀有
才顯得特別
珍貴

呂宋島二題

夜宿鄉野水莊

夜色如水
水色如夢
椰風中蟲聲啾啾
一如少年懷中的吉他
輕撥
清波拍岸若少女的情歌
遙和
鄉野動人的韻律
將一夜多星的晴空
唱和成夢一般無涯的
繾綣

馬尼拉遇颱風珂茵

說此地是颱風的故鄉
果然　我們不期而遇
感謝妳放低了姿態
僅匆匆一瞥
驚鴻般高飛遠揚

來此最大的願望
是盪漾在椰風蕉影中
欣賞馬尼拉灣著名的
日落　夕照
卻因為妳翩然而至
造成無法彌補的
遺憾

遠方是一個夢

有一個地方
叫做遠方
那裡遍地理想
到處都是希望
人人都可以將心中的美景
掛上

但是
當你到了那個地方
前面卻又出現了一個遠方
遠方
是一個美麗的嚮往
一個永遠的
夢

究　竟

夜
描你若一座鬱閉的森林
雖星空擎千燈萬燭
也探測不透你濃蔭中的
究竟

有清溪一灣
自林緣湲湲流經
但願覓得小舟一葉
划向濃蔭深處
去一探隱藏著的
究竟

採茶

朝陽和山歌
不約而同地自山脊間亮起
陽光隨著翠綠
自姑娘的指縫間
溜進竹筐子裡

被採摘的
一山山一樹樹靈氣
將凝聚成一壺壺
氤氳蒸騰的
香郁

雨滴在淺窪裡

雨滴在
映照著滿天陰霾的淺窪裡
以敲打樂的姿態
一滴一個水渦
製造一片鬧熱

小小的淺窪中
上演著一齣
水珠與水珠相互撞擊
漣漪與漣漪相互排擠
波紋與波紋相互扭曲
的醜劇
雨滴雖不理會這些
依舊認真地敲打著
好不容易冒出一個水泡
卻立即被另一顆雨滴
擊個粉碎

話蟬

經過漫長的掙扎
終於擺脫了陰暗和潮濕
褪下醜陋的外殼
卻蛻變不出蝴蝶般的美貌
雖然也擁有一對寬大的翅翼
只可惜是虛有其表
薄弱得不堪遠飛高翔
衝不上雲霄

唯一的本領是
躲藏在濃密的枝葉裡
大聲嘶叫
一股勁兒地
知了　知了
你到底知道些什麼
又知道多少
除了泥巴、枝葉
難道你還有什麼委屈、牢騷

是不是想告訴我
從地層下走到地面上
那一段短短的路程
花掉你許多年時光
而換來眼前的自在逍遙
卻又短暫得使你心裡發慌

上帝待你不薄
不必費力也不需付出
在別人辛勤栽植的樹林裡
擁有一大片綠蔭
供你自由自在地棲息
抱著風雨考驗過的枝幹
盡興地高叫、狂嘯

現代詩人群像

有人喜歡關起門來
用咖啡　美酒　音樂
誘惑靈感
像捕蝶人躲在樹叢裡
遍灑甜甜的糖蜜
誘捕高飛低翔的彩蝶
然後　將牠們一一揑斃
製造一隻隻失去生命的
美麗

有人專門收集世間的唯美
把它們七拼八湊地
關在一起
然後　揉揉搓搓
搓揑出一糰一糰
混濁複雜的色彩
塗抹一幅
炫目得連自己也理不清所以的圖案

也有人刻以用吃奶的力氣
以原始而獸性的邪氣
夢囈般高吼著
自我陶醉又自以為是
卻不堪入目的
新潮　超時代

更有人拼著老命
由語不驚人死不甘的字眼
指揮鉛字排隊　操練
擠在隊伍前面
喊著千遍一律
永不變調的口令
無非想維護他那份
僵硬的權威

鐘錶與時間

1

指針
隨著數字一級級地
往上跳
然後再跌回原處
時間
像如來佛掌心的那隻毛猴
始終跳不出這片小小的
方
圓

2

長針
無休止地纏繞著短針
在一個沒有起跑點
也沒有終點線的跑道上
追逐
終究將時間纏繞成
一團糾結不清的
歷史

3

鐘擺
不停地來回擺盪
牽引指針踏著時間
不斷前進
但時間卻永遠停格在
現在
鐘面上的數字不代表過去
指針也永遠踏不出一個
明天

回憶中的夏夜

回憶中的夏夜
不是關起大門
　開著冷氣
　　盯著電視機的
夜晚

回憶中的夏夜
是團團圍坐在
陣陣稻花飄香的
曬穀場上
聽爺爺講故事
　奶奶唱兒歌的
夜晚
是媽媽搖著大蒲扇
趕蚊子
孩子們追著螢火蟲的
夜晚

回憶中的夏夜
是天空經過雷雨的沖刷
　　閃電的擦拭
只准螢火蟲提著燈籠
和天上的星星比亮
不允有絲毫塵埃飛揚的
夜晚

回憶中的夏夜
是有歌　有舞
　有笑　有説
溫馨歡樂的夜晚

七夕心情

心的深處有一段陳舊的情
像星球般圍繞著思念運行
每到此日便顯得特別亮麗

傳說七夕的夜晚
喜鵲會在銀河上聚集成橋
讓二顆久別的星星相聚

多希望橋的起端在我心底
又恐怕繁星滿天
認不清那一顆是伊

塔斯曼海上空看雲

是那家的擠牛奶小妞
弄翻了一桶桶的鮮乳
蔚藍的海天之間
湧起稠稠的白浪
我們從浪尖滑過

趕羊的老牧童呢
大概又去買醉了
羊兒們越過欄柵
迷失在湛藍的海空
我們從羊群中穿過

在三萬英尺高空眺望
遠方夢一般的白雲故鄉（註）
已浮現在
塔斯曼海的上空

註：毛利族人稱紐西蘭爲白雲的故鄉

街頭偶感

數了半天紅磚
踏不出一個方向
卻闖進一頁夢般的從前
奇妙的歷史輪轉

隔著海仍可見硝煙衝霄
撼幅卻震不碎這裡
迷漫在街頭亂竄的
吶喊　咆哮　囂張　狂妄

想找一堆砂包掩護
這個城市應該穿上一身
迷彩裝
怕有一天會飛來一顆
流彈

劍　蘭

如此俠情
如此蕙質
集剛柔於一美

劍未出鞘
已露俊俏鋒芒
蘭不招展
自現其高雅風貌

幾片翠綠
托一簇嬌艷挺拔
它非江湖俠女
是花之至美

邱　平卷

小傳

邱平原名盧克其，筆名蘆荻，一九三一年生，祖籍爲江蘇鎭江，寄籍宿遷；在大陸讀過私塾四年，中學肄業；一九四九年來台，開始創作新詩，曾獲「第一屆國軍寫作競賽」詩歌第一名；加入過詩人紀弦發起的「現代派」；是「海鷗詩刊」共同創辦人之一；「八二三」台海砲戰期間，任軍醫少尉擔架組長，救傷於金門沙美一帶；後考入國防醫學院進修；一九八一年以陸軍少校軍階退役，轉任民間醫師。著有詩集「密碼燈語」，詩之華出版社印行。

黑天鵝

——「秀苑」品茗所見，並贈謝明倫小姐

恆以七色合成夜，漂染
她的羽衣的
一匹游禽，游過來
繞行於這一片
荻花映眼的湖中之洲
邊巡看
邊垂首吻一下——水中的自己
邊巡看
邊垂首吻一下——水中的自己
哦……
執著於S形的美感認知
又一水仙化身的舞者
陷入自賞之
情境中了

吳園訪竹

從荷花的生日宴會上辭出
髮間猶沐著一縷清芬
時陣雨的敲打樂——倫巴
一曲甫畢
竟遺珠顆顆、滿席粲然……
此際，乃乘興訪你於姑蘇的名園
穿過月洞門，便是照眼的一片青蔭
你微微傾身以展現古典的優雅
佇立西窗，與滿室書香成芳鄰
你挺拔的軀幹，勁節
節節向上，託心事於浮雲
翠葉瀟灑披離，足為
臨去的秋風留影寫真
你胸懷坦蕩而被稱磊落君子
自在遂能靜觀世事紛如棋局
故人遠自梅嶺來
瑞雪霽後，歲寒時節
未知還否有意同往華山
共松濤一會？

一九九五・希望快樂

光明就在隧道的彼端。

——亨利・季辛吉

一九九五・元旦新年
我將應邀前往台北市府
和新當選的市長
共同監督、改造重建市政市容
我是希望之城的快樂市民
第兩百萬個黑夜的旅客
乍見了曙光

我那去國十年的
兒子和媳婦
也即是某些人們口中的
「芋頭」加「蕃薯」
亦將學成、欣然來歸
推著嬰兒車
散步在整潔、舒暢的紅磚道
當一個個辛勤忙碌過了的
休閒的週末

而在晴朗的假日
我們將駕駛國產的電動車
去關渡
參加過境水鳥們的
感恩季文藝發表
我們是最早獲得訊息的貴賓
如期出現之於
觀賞席

也許
我們也將乘輿
划動輕快的雙槳
去至那觀音臥看的淡江的中流
從酒醉的夕陽口中釣起
一尾尾
金鱗的閃光

然後我們回到
那彩傘繽紛的露天茶座

∽邱　平卷∽

居然意外的巧遇
中國的拜倫和雪萊
在這寶島的賽納河邊驚喜會見
東方的梵谷、西方的張大千
當咖啡與龍井的氤氳升起
且聆賞一曲本土風的
藍色的多惱

啊！讓一切的悲哀流去
隨同那悠悠的江水
我們不再花大把台幣
去澳洲寄人籬下
我們不去北美移民局排隊
領一張七等的居住卡
我們乃堂堂正正的炎黃世冑
不當黃皮白心的苦情香蕉
要做就做錦繡河山光榮的主人
建設和諧、秩序
幸福的家邦

四季之顏

春天
每一支逾時工作的口器
全沾滿
花朵的感激

入夏
舉著香水名片的翩翩們
再一一拜訪了
還在猶豫未決的
蕾

到了秋季
大地用金黃的告示宣佈
所有的田畝和果園
都已安排好
西風的巡視

然後是一覺醒來
你會看見
雪、在窗玻璃上扮起個
惡作劇的
冬之臉

春天傳來的資訊

一個咆哮著的震央即將獲釋於
被囚禁的深海
一頭自戀中的斑斕、孤獨的走上
雪山之巔
那月夜叢林驟然傳出來
急速的心跳
而嘆息、嘆息則來自
沙岸的落潮

至於翻飛原本是二月的舞碼
門鈴被兩次按響後
悄悄的蓓蕾也紅了臉
據說：肢體和肢體的對話會產生
新的磁場
尋不見舊時花徑的那隻彩翅兒
錯誤滑降在
小女孩烏亮的辮梢

回家的溪流

三月
當雨霧打濕了櫻樹的蓋頭
迷失在雪谷中的小溪們
又都找到了回家的路
每一條輕輕飄起來的黃絲帶
是一個指引，一聲叮嚀
起初，心中還有些忐忑的喃喃著
轉過山腳時
便已匯合成一支行進的歌
春陽自叢雲的背後
窺見了這幅場景
含情的波浪
乃有貝齒一樣的燦亮
而對岸，幾乎欲滴下其翠色的
峰巒們也不禁欣然
看那些金色、銀色的光陰
在水面上跳躍著
又微笑地流去……

招　　魂

每一個蝴蝶都是從前一朵花的鬼魂，
回來尋找它自己。

—張愛玲・炎櫻語錄

在太平洋上你找到海浪
越過大洋便看到西方
作繭未成決心將生命飾彩
以血斑淚痕為兩翼添色
執意把自己也迷惑了的一隻
尋夢翩翩　當你穿行於那片
橘綠和橙黃　什麼是你的失落
而在百卉展顏的季節　飄然
飛離了這東方的伊甸

臨流你默想今世的風華
循香去探訪那霧中花
生逢亂世構奇思於春申歇浦
聲名鵲起時　伎人脅肩來
當你推窗方冷對那秋月的寒白
開門已棄守情關　你原是
那月下伴月行的一粒寒星
是冷月滑落的一滴淚　乃遲遲
不願黯然之墮地

遭蚊虻叮咬的艷朵難含笑
驚聞槍聲的啼鳥遠別故枝
最完美的演出應包含謝幕
最深的傷痛是　至親成仇
洞明的情緣愛恨謎題留給人間
萬千個張迷看你　你看誰
撒向荒野海洋的每一寸飛灰
幻化後是歸來玫瑰的幽魂
不去那樓台庭院認證因果

竟紛飛散進衆家文學的心靈
一樣是情癡意真為你充當
活動墓碑　身世述明鏤刻心版
是你是你那就是你
本名「悲悽」　號曰「愴涼」
然而流言卻盛傳一九九五年
九月某日凌晨某時
人生監牢裡一待決女囚
業已成功的脫走遁入星空

問 雲

自那次無心的出岫
你便註定了一生的姓氏
至於將往何方飄泊
則一切都聽憑—不測的風
如早春時那薄霧揉開曚曨的拂曉
朝陽偃臥而雄雞已三唱
你輕輕貼近明湖的臉微微噓氣
且拭去、拭去
未知何人、何時遺留其上的
一滴淚漬
又如當夏日午後
追不回的夢魘被蟬聲劫走
千萬艘張帆待發的歸船群集
擁塞於蔚藍的心海
設若能有一件連身帶帽的皮襖
你會不會就翻穿起來
且芊芊的叫著在蒼穹迷路
而一雙四輪冰鞋剛好合腳綁緊它
打從那珠穆朗瑪的峰頂

縱身一躍便直下
葱翠的高原——青康藏
沿著多委曲艱難的母親之河
啊！九十九道灣
向東、執意的向東……
僅為了變成一場雨的可能
也許你在想
旅行得更遠一點
則我是知道的你正深深的眷念著
一座山的純白乃一如
某句成語之所説
那末、備一輛雪橇吧
滿滿的載著禦寒的裝具和給養
用八匹北極來的狗兒拖著它就跑
然而我猜，你終究會鍾情於
那金黃之無限好、如此
面對一色的水天我將驚見
你與那孤鶩浴火而成
同步的飛翔

蘆溝橋

——抗戰勝利五十週年有感

蘆溝—桑乾—無定—永定
無非是
六百六十尺闊—那繾綣詩魂的
曉月映波
無非是
自山西而河北—那嗚咽千里的
春閨夢裡的悲歌
那奮勇抗敵、慷慨赴義的
中華健兒—神聖的埋骨之所
河名蘆溝、橋也名蘆溝
五十年痛定之後猶在滴血流膿的
民族的傷口……
東亞最衆、受害最深的族群
率先做出最惡劣的示範
同胞被殺被姦、國亡家破
面對屈膝的降寇當權者的結論竟是
足令千萬條舌頭打結
億萬雙耳朶失靈的—「以德報怨」

邱　平卷

既是能孕育英雄志士、聖賢豪傑
那錦繡的山河啊！大地
卻為何也同樣會孵化出魑魅和魍魎
然而歷史已一再證明
這些全都無損於她的偉大和壯美
則今之憂國者又何須在意
那經過現代之包裝—倭奴的奴的奴
其原產地是大陸？或是台灣

註：在論語的憲問篇有以下一段對話……或曰：「以德報怨，何如？」子曰：「何以報德？以直報怨，以德報德。」可見「以德報怨」這種混帳做法，孔夫子自始就是反對的；吾人豈可被政客們的詭言詐術給誤導了？

歌唱松柏

——隔海致上的祝福

從前我細語讚美玫瑰
今日我朗聲歌唱松柏
非我有意要擺冷
這整桌的筵席
皆因我被淚水洗淨的雙目
終於能清楚的看見
那美中之最

北風吹來，您抖一抖肩背
瑞雪紛紛落
西風颮來，您搖一搖勁幹
巨濤凌空起
於嵩山之峻極
您巍然挺立著一身蒼翠
遠近時見到訪的白雲

往昔我熱情稱頌薔薇
今日我虔誠獻詩松柏
讓詩思引我且暫離
這滿室的燈盞
只因我祝願的心眼欲尋看
那中天億萬閃灼之
最亮的星辰

眾神的女兒

我如命備妥我和我的
那只小小珠寶盒
心想這回的運氣會不會
比前任公關潘朵拉更遜、還衰
蘸過蜜的言辭每一句都甜
說無須抗拒那逐漸加溫上升的好奇
可隨時將盒蓋開啟

他們俱屬當代的奧林帕斯
山上眾神，協議共有獨生的女兒
據悉生父可能是其中之一
無論如何，為我的降世
他們已各自付出了一部份自己
至於誕生我的那片浮冰則如今不知
正漂流在哪一處極地的大海

整個早晨他們教我學吹
那管無孔的洞簫
又一再誇稱各人的寵物是多麼的

溫馴乖巧、活蹦亂跳
午前更迫我喝下過量的牛奶
幾乎每次都引起我的嘔吐反射
此刻好想哈上一支印度瘋草，或是
一小杯來自巴黎的苦艾茶
不錯，我就是那個沒娘的女孩
且正在蹺家，虛歲十一
足歲八齡九個月

我裝模做樣走過那條嫩綠色
夜的小街衆目灼灼
身無分文而心情輕鬆如此的不尋常
他們說衹要那只看起來空空
急需時卻能無中生有的寶盒仍在
我便保證會是一個快樂的女孩
縱使那隻鱆魚抓住我時曾八足齊上
勒得我無法動彈、差點窒息
然而日子再壞、總是得要活下去
我於是邊走邊唱起那支流行歌
「衹要我喜歡，沒什麼不可以！」

謝輝煌卷

小傳

謝輝煌：民國二十年（一九三一）十二月二十三日生。江西省安福縣人。初中畢業。曾任台長、幕僚、專員、編輯等職。現爲中國文藝協會、中華民國新詩學會等會員，暨三月詩會同仁。曾出席第二屆及第十五屆世界詩人大會。作品有散文、新詩、傳統詩、時論、詩論及詩歌賞析，散見兩岸三地及新加坡等報刊。出版有散文集《飛躍的晌午》（水芙蓉．民國七一年一月）一種。

玉之出矣

玉之出矣
摇曳迷人的風韻
逍遥大江南北
逢人算命，見機説媒

．

楚國的腳，昂然走上刑台
趙國的城，黯然斷氣於命運的漩渦
秦國的風，嗚嗚吹響哭喪的喇叭
哄著萬里長城
素車白馬，迎接進城的官兵

．

算準了
千多年後
端坐台北街頭
撮合一對對金玉良緣
時而横陳地攤子上
睨著害怕短命的過客
推銷逢凶化吉的妙方

捉迷藏

躲好了沒？
還沒。
·
我來抓妳唷。
不要。
為什麼？
我的裙子還沒有躲好。
·
躲好了耶。
我來抓妳唷。
不要。
為什麼？
因為我不是強盜
·
不是強盜有什麼關係？
我們是玩假的嘛。
我的媽呀！
原來你也是在玩假的，
不跟你玩了。

四面佛

四面佛
面四方
四面都金碧輝煌
但不知那一個方向
才是衆生最開心的地方

・

人間堆滿雲霧的迷惘
惟你安心湄南河邊
聽他們許願
看他們燒香
又看他們提起匆忙的腳
騰雲駕霧
各奔一方

六月的傍晚

稻穗打扮成待嫁的姑娘
風兒問到大喜的日子
一會兒點頭
一會兒搖頭
琢成翡翠耳環的絲瓜
吊在竹棚裡癡癡地等候

・

驟雨送來的珍珠項鍊
掛在晚霞彩繪的竹竿上
薄薄的衫兒像粉蝶輕飄
扁豆兒神采奕奕
欲飛上帶笑的眉梢
不讓京兆獨領舉筆的風騷

・

六月的傍晚，是盼望的季節
木槿花深閉雙眸
等待一個甜甜的消息

十字路口

老的紅綠燈
因為風的緣故
閃也不閃
亮也不亮了

·

新的紅綠燈
因為雨的緣故
線還沒牽
材料也還沒打造

·

於是
成群的沒頭蒼蠅
在風裡雨裡
比賽盲目飛行

週末瑣記

鳥們希望的眼
像黑亮的珍珠
穿梭紅紅綠綠的雨林
各自尋找夢裡的春天

．

窗外
沒有一隻煙囪
敢在雨中
冒出溫馨的炊煙
沒有一隻鳥
敢對密麻麻的速食店
抗議酸甜苦辣的人生

．

車到終站
又開始起跑
開始在煙囪與速食店之間
氣呼呼地冒煙

喇叭鎖

是誰給你取這個名字
從未見你吹過一支曲子
你只是窮年累月的
瞇起兩隻冰冷的眼睛
在門內門外
看人家進進出出

·

不管春夏秋冬穿什麼衣服
不管日月星辰戴什麼耳環
你總是不笑不哭
從中秋又守到端午
總是伸縮著舌頭
讓人揪著耳朵進進出出

聞金馬撤軍

金門無金
馬祖無馬
只剩下兩支空瓶
古寧頭笑了
南北竿笑了
笑抱著空空的高粱酒瓶
醉臥彎彎曲曲的戰壕

．

金門無金
馬祖無馬
只剩下兩把破扇
俞大維笑了
胡伯玉笑了
笑揮著破破的芭蕉古扇
閑看起起落落的波濤

日月潭的船長

渡日渡月
渡萬千過客出雲霧
日月在妳左右
路在心中
舵在手中

·

剪千頃碧波作花環
彩裝乘風的羽翅
傾九族風情為珍饈
饗宴萬里尋夢的詩人

·

今日有緣
潭上的日月正清明
他年有緣，光華島上
再聽妳細說
月下老人牽成的姻緣

扳　機

我像小男孩的小花朵
也有「幫寶適」護著
但我從不隨便尿尿
也不隨便動作
・
我不鳴則已
一鳴就要讓人驚奇
不扣中她的芳心
也要打響自己

請停住剪翅的飛翔

小黃豆
躺在漲潮的棉花湖上睡著了
夢裡
白色的鞦韆如粉蝶飄起

・

飄起
雄赳赳的桅桿上
飄起兩面綠色的旗

・

變！變！變！
小黃豆
變得像一棵大樹
搖曳在月光的小夜曲裡

・

愛插花的人兒喲
請停住剪翅的飛翔
開花的日子不遠了
難道妳不喜歡
還原一樹嶄新的金黃

登峰

媚啊
妳要登峰
就登聖母峰
聖母峰上
有宇宙之光
而波霸山啊
是原始的叛逆
沒有甜甜的花香
　潺湲的溪流
只有小麻雀討厭的歌唱
媚啊
妳要登峰
就登聖母峰
聖母峰上
有宇宙之光

水果攤

如貴夫人的百寶箱
每一種線條、光澤
都透著迷人的香味
像大中華的諸子百家
每一張哲思的臉
都展現著成熟的風華
像醉人的詩詞歌賦與字畫
我彷佛看見
晶亮的汗珠一顆顆跌落草間
我彷佛看見
錦簇的花瓣一片片凋零溪邊
風雨、太陽、星星
倒下又起立
化無數掙扎與煎熬
成為甜甜的笑
而宇宙知道，汗珠和花瓣的寂寥
啊，親愛的
那高貴的讚美聲中
有妳生命的閃耀

老人頭

他墾荒幾十年
墾出額上這一片梯田
歲月也不甘示弱
在梯田之上
墾了一大塊看天田

・

防風林是有的
稀落如深秋的蘆葦
鴻雁謳歌而過
激動的蘆花踏歌輕颺
舞成朵朵秋天的回憶

朦朧的雨港

朦朧的雨港
艨艟的巨艦上
有不眠的燈

・

水手們，有年輕的寂寞
女孩們，有生活的寂寞

・

寂寞的心
燃燒成玫瑰玉露的纏綿
纏綿
在茉莉花的香味網裡流連

・

流連
偷渡的小仲馬帶著法式的浪漫
在要塞炮守著的雨港流連
他說：這兒是海鷗的第二故鄉
清冷的木屐聲裡
小雨傘下
有張翠衣花裙的瓜子臉

淡水河邊

從上海來的歌星
披著淡水河上淡淡的月光
奔放八百壯士的豪情

．

鮮綠的草，亂世兒女的心
克難的舞台和樂隊
克難的的茶几和茶水

．

幾隻百瓦的燈泡打烊而去
月光重新在澄波中梳洗
夜風輕吻竹椅上甜甜的回味

．

淡水河，依舊靜靜的流
靜靜的等待
另一個驚魂稍定的黃昏

嘆　花

一口仰盡千罎當歸酒
醉哼著風雨小調
搖晃時髦的鄉愁
飄墜成行行繽紛的詩句

·

無聊
最是那糊塗的風雨
錯把妳趕製春泥的消息吹得更遠
更將妳漬滿相思血淚的手帕
漂泊成一汪不肯倒流的春水

·

啊，可憐的落花
今夜，故鄉有酒，妳在那裡
在那兒擁抱舊時的月色
　熱吻長不出粽子的泥巴
今年的杜鵑再次哭紅了眼睛
妳是否又在移植器官的望鄉樓上
豪飲當歸酒裡的愁情

太陽上市

太陽上市了
海鷗、浪花和小船兒
都成了它的股東
臉上釉著火紅的歡樂
心中彩繪金色的希望

．

不怕烏雲遮天
不怕雨雪壓頂
太陽的臉永不變色
何愁血本無歸

．

愛人，請相信我
海是太陽播種的地方
忙過春分，很快就到冬至
請把股票藏好
分了紅利
我送妳一件大紅旗袍

一九九五年

打著青松的小傘
提著新月的燈籠
唱一隻
相思了一千九百九十四年的歌
來到海棠未睡的窗前
看山茶花含苞朵朵

．

遠山的楓葉如霞
美麗的手語，傳統地
洋溢三多五福的喜氣
綺年玉夢都醉了
醉在纖穠的詩裡

．

八個月後
更有閏八秋月
那時，愛情的果子將熟
但願秋聲化作鞭炮聲
門對門地
點燃著雙喜臨門

晶　晶卷

小傳

晶晶，本名劉自亮，生於一九三二年九月四日，祖居河南省羅山縣，世代耕讀傳家，及至父輩乃轉任教職。生逢憂患，以致居無定所，學無所成。年十七，遭喪父之痛，母女相依，生活困頓。於一九五一年結婚，現有子女三人，均已自立成家。

來台後，曾以高中畢業（浙江省立杭州女中）學歷任軍職、教職，於一九八三年退休。

由於擔任軍中圖書館工作之便，由接觸文藝而喜愛文藝，尤其偏愛新詩。曾獲第廿七屆中華文藝新詩獎。著有長篇小說「春回」，短篇小說「火種」，及新詩集「星語」等。現任中國詩歌藝術學會常務監事及新詩協會監事。日常以文自娛，藉詩會友，淡淡生涯，唯願做個喜悅之人。

嗨！一九九五

嗨！一九九五
開門納你於子夜零時
備有茶點　香茗
暢敘相逢的喜悅

攤開乙亥的曆程
依舊是一街老景
巷尾冬至　街頭立春

嘿！嘿！　你甩開大袖
指著左邊隱著的變數
　右邊藏著的天機
歲月是不容多作踐踏的啊
也不必假裝杞人
珍惜眼前的擁有
與一九九五相偕
慢慢走過

心存虔敬

昨日已揚長而去
今天正迎面走來
活著
背後是債　前面是緣
心中有愛
便能甘願地償債
心存虔敬
便能愉悅地結緣
珍惜面前的擁有
便是對人生滿懷的眷戀
向生之旅途
預約一處定點
抖落一身塵埃
瀟洒行去
自會有清明的天空
平安的夜

春

每年重逢
都是一次嶄新的邂逅
你的千姿萬象
總讓人嚼出無窮滋味

得以慧眼觀你
入鏡
切片
封藏

找一個聚會的日子
把你和老人茶
一起泡開

詩　人

慣於把某種
不成熟也不成形的悸動
推入心靈的煉爐
讓它發酵或蒸餾

執著
是一盞不熄的燈
痴痴傻傻地點著
而青春
是廉價的柴薪
苦熬心血
塑造成
一種風格
一種風景

斷橋故事

斷橋下　流水不斷
流過悠悠歲月
望盡滄桑　期待
終於在夕陽裡展露笑容

你是天涯的歸人
給湖上晚霞平添一份驚喜
縱然湖心早碎
仍綻開了歡愉的漣漪

月光在湖面撒網
如煙如塵
執手殷殷相問
幾度含淚　吞聲

清風拂過　心事已飄然遠去
春去如斯　如斯
情已酬　緣已盡
還它清淨水面　平靜湖心

地　震

板塊
你這粗野的漢子
春　尚未成熟
你便急急趕來
大膽闖入神户
釋放積存已久的
能量

凌晨
尚在朦朧之中
早春的睡姿正酣
猝然遭受
驚天裂地的強暴

你　這粗野的漢子
把一時的快意　建築在
她終生的陰影之上

註：一九九五、一、十七晨日本神戶地震有感

夢回

重返老屋
遠去的歲月迎我
愛的餘燼
處處散發著煦煦溫馨
壁上慈顏　廊前身影
都是咀嚼不盡的情景

夜空的星子閃爍
是你重複的叮嚀
膝下依偎
今生再也難求
我已無依
但願有夢
乘夢而去
追求最初的記憶
把你還給我
把我還給你

註·寫於母親故世十週年

竹　友

階前無地　廊下無土
唯有把你這忘年的知交
根植於內心深處

那年秋夜　你在夢中喚我
且在窗前展示你的萬千風情
新葉如卷　每卷都是初綻的心事
老葉如劍　揮劍斬斷攀附的情緣
月光下　你以窗紙作畫
繪你的柔韌　你的瀟洒
細雨中　你在簷前賦詩
吟你的孤矜　你的虛懷

撿拾蓬草般的落葉
鋪設成最最中國的意境
在彼此相契以神的時刻
可以飲酒　品茗　賦詩
但　切莫吹蕭
咳咳　戒聞簫聲

菊的自白

那個不肯為五斗米折腰的漢子
把我定位在悠然與恬澹之中
說那是隱士
那個始於絢爛而終於落魄的公子
把我定性在孤矜與高傲之間
說那是君子　（我是嗎）
而今人們又流行採集我
　裝飾肅穆的殿堂、靈堂
我便成為衆多語言與哭泣中
唯一的見證　（我能嗎）

八月過後　秋已深沉
正是屬於我的季節
而島上卻理不出一個正常的時序
既然　我甚麼也不是、也不能
那就擺脱定位與定性的夢囈
把一生期待的清風明月
作為孤注　奮力擲向
滾滾紅塵

遠方的感覺

遠方　歲月的盡頭
無色　無涯
茫茫意識一如煙霧
輕、飄、淡、忘
我已非我

遠方　生命的至極
無時　無空
浮沉中正絲絲消散　寸寸成灰
我已無我

蜉遊於陌生之域
孤獨是唯一的倚靠
細如游絲的聲納
是天涯的渡者
此岸或彼岸　我已
別無選擇

玉

只不過是塊石頭
琢琢磨磨也算成環成珮
盛世的氣焰把你燻染得
　忘了你是誰　以為
能攀龍附鳳就身價百倍
其實啊　你
飢不能食　渴不能飲
補天嗎　不夠資格
填海嗎　不夠份量
衹能在人家的衫間袖底
養尊處優
美則美矣
總是塊配角的料

壺水正開

一手插腰
一手指天罵地
一屁股坐在熊熊烈火之上
一肚子主流非主流
吵嚷得沸沸揚揚
一怒衝冠　衝開了
議事廳的大門
「都是謠言惹的禍」
「不是我決定的」
「民之所欲……………」
「………………」

歷史高高在上
搖頭　嘆息：
「你能決定的是
怎樣把茶葉泡開」

秋 訊

在季節與季節的追逐中
風風雨雨接二連三
夏　突然跌落　成為
一束淡去的記憶

才安居了幾十年的土地
這早來的秋訊
如一種揮不去的憂鬱
正在渺渺無際的空間
悄然彌漫

於是
我感到了你的心意
無論如何
總是要走上冰冷的
另一個季節

生　涯

檢視舊日行囊
裡面是一把零亂的滄桑
在發黃的歲月裡
已經褪盡顏色

那些　崎嶇難行的
千山萬水　那些
苦辣酸甜的愛恨情愁
都付與莞爾一笑
淡化成煙成霧
隨風飄散

而今揹起行囊
已空無一物
寄此身於天地之中
行向自在　行向自然
托此心於紅塵之外
如雲無羈　如水無痕

橋

躬身　把體軀俯臥成橋
由東到西
積衆生之踐踏
諸車之碾壓為修行
贖我前衍

伸展雙臂
定位於兩岸之間
成一不擺之渡
從南往北
歷萬劫於一身
渡你　渡他

應劫於己　引渡於人
以祈覺照之後的悟識
去欲去嗔　離怨離悔
證無常之果
臻於慈悲

雲

你是一片浮雲
在天涯漂泊
我是一方小小水塘
在盼望中期待
你的投影

如果　你承載的離愁過重
如果　你背負的相思太多
就痛痛快快地哭一場吧
我將敞開胸懷
擁抱那傾瀉而下的
晶燦的淚珠

秋　月

滿月之夜　你的溫柔
是天地間唯一的磁場
心悸的引力　使每一滴海水
開成一朵浪花

冷冷清輝　流淌出另一番風采
湧流的浪花
瞬間暴漲成滿潮壯觀
狂飆而來　趕赴錢塘的約會

千古纏綿
無非是一片惆悵心事
寂靜是一種等待
今夜啊不需靈犀
仰望中宵的月影升起
我將以無邊浩瀚
深深擁你入懷

時　間

是誰　那麼天才
一把抓住你　把你
鎖定在「的、答」之間

在無端的奔馳中
你跑成一個圓
比歷史更早　更遠
無法回溯　無從丈量
那神秘單調的音節
是一種預言
一種叮嚀
一種溫柔的鞭笞

總覺得與你擦肩而過
卻追不上也留不住
且寄你一片詩心吧
讓年華最初的黛綠　以及
眼前這一季賸餘的春景
隨你而去

碧潭詩情

彩霞隱退　我乘晚風而來
晤遠道的客人
訪久違的故友
碧潭啊　別來無恙

夜的光影　紛紛投射潭面
依然是舊時風韻
虹橋臥波　波上有七彩的水簾
盪漾著淡淡的詩意　淡淡的風
碧亭望月　月下有衆人的笑語
吟哦著依依的離情　依依的愁

潭水澄碧　與明鏡般的詩心相映
月影昏黃　照著兩岸朦朧的風景
以茶代酒　相約重聚之期
舉杯互祝　詩心常在常新

後記：一九九五年八月十日與詩友十餘人在碧潭小聚、以茶代酒歡送詩人王常新。

劉　菲卷

小傳

劉菲，本名劉文福，另有筆名劉金田、田滇，一九三三年出生，湖南藍山縣人，研究班畢業。

曾創辦《鍾山詩刊》，出版六期停刊，一九六七年「第二屆現代藝術季」發起人及聯絡人，一九六九年詩宗社發起人同仁、創世紀詩刊社同仁、秋水詩刊社同仁、第十五屆世界詩人大會副秘書長。並曾獲詩運獎。

現爲中國文藝協會副秘書長、中華民國新詩學會理事、副秘書長、世界華文詩人協會理事、中華文化藝術協會會員、台灣省作家協會會員。《新詩學報》、《大海洋詩刊》總編輯。世界論壇報副刊《世界詩葉》主編。

著有詩與藝術評論集《長耳朵的窗》、詩評集《詩心詩鏡》、詩集《花之無果》、《風景・情景》等。

劉　菲卷

杓冰流爲彩蝶

把山高高舉起
把水潑向陽光
晨霧的圍牆擋不住你
騰躍的芳姿
汲一杓富士山的冰流
蛹為花叢之彩蝶

淨不去未成之佛

服下人蔘蜂王漿
如同服下仙丹
心海潮湧潮湧
囚不住雙腿
囚不住愛之鷹揚

走臨碧潭
龍舟大賽很鬧市很端陽
渡碧潭到彎潭
會海寺的佛音淨我
淨我炎夏之汗汁
淨我步行之氣喘
淨不去心中未成之佛

我同姑娘找月亮

秋月高掛低掛
想不圓　看不圓　夢不圓

不圓　有故事
有圖畫
有風景
說不完　畫不完　寫不完

弦月
勾月
梳月
圓月

都是作家寫的
我的月亮不一樣

滑了鳴沙山還有月芽泉
我同姑娘在泉邊找月亮
我的月亮不一樣就是不一樣

大草原之戀

大草原的晴空
　給我丹田之浩氣
大草原的泥土
　給我母性之依戀
大草原的野花
　給我芬芳之詩情

大草原
你藍空之浩瀚栅著馬羊
你丘陵之美繫著別離的遊子
你山谷之姿誘著牧人瞻望徘徊
在春風中微動的茂草
是詩景是樂律　是羊的生命線

大草原
我要擁抱你
在你如詩的胸膛策馬
在你青青的山谷歌唱

日月潭的晨霧

青山的纖腰
綠樹的頭頂
被晨霧一寸寸染白
白的柔柔娜娜
白的朦朦朧朧

潭角那塊處女地
比水色更青的青松倒影
被晨霧緊緊地擁抱
繪著乾坤交會的美姿

朝陽妒嫉晨霧擁抱山水的姿式
用激光驅散霧的朦朧美
霧敵不過朝陽迅速散去
青山在朝陽下顯出亮麗的真面目
靜靜的潭面有遊艇迎接朝陽
日月潭的粼波畫著自己的圖畫

沒有晨霧的裝飾
岸邊的旅遊建築呈現不調的俗色
日月潭的山水
晨霧扮演大自然的畫家
畫出了青山綠水之外的朦朧美

詠黃土高原

黃土高原
終於投入你的懷抱了
經過風雪的臉龐　枯枯的
皺紋一層深一層
繪著歲月的輪痕

你凸凸的胸肌
在日月星光照射下
煉成圓韌而堅挺的雄姿

腹部的朵朵綠嫩小草
是大自然的性感帶
春天總是不能少的
有春天才有生命有活力
黃土高原的圓韌不朽不變貌
來自春天的滋養

清大荷花池

北京清華大學
好響亮的名字
多少青年學子想跨進它的大門
那座大門不高不矮平平凡凡
想進去求學難如登天

我沒做過清華美夢
卻偶然跨進它的大門
我不是抱著書本騎單車進去
也不是打著詩人訪問旗號進去
是手握相機在烈陽下步行進去

我看上清華荷池
池邊的楊柳　以及
百樹成林為荷池造景的緣林
有人在池邊亭上啃書
有人在池邊林蔭下談情
八月荷花放暑假了

沒有荷花爭妍爭嬌
荷池的綠葉素素的素得很冷
如果有廟宇的鐘聲
清華會佛起來
　　佛得很朗
　　很大道

註：一九九五年八月三日在詩人晏明陪同遊圓明園後去清華大學參觀，清大在圓明園附近，很順路。晏明提到朱自清用散文寫過荷花池，我們在荷花池邊照了幾組照片留念，清華校區實在很大，走了半天才走了一個小角落。

渡北大校園

北大
新文學的發祥地
德先生賽先生的溫床
面對站在大門口的武警
我誠惶誠恐的進去
又誠惶誠恐的出來

我是朝聖來的
看北大是怎樣一個聖地?

只看到
一些樹木
一些草坪
一些房屋
一些三三兩兩來往的人群

沒看到聖人沒看到聖蹟
也沒看到摟著腰的情侶

倒是那草坪綠的很美
綠的想起少年的戀人
少年躺過的草坪以及
戀人夢想進北大的期許

再也不想在烈日下
　無目的的逛校園了
躺在草坪上拍個照吧！
完成偷渡北大的壯舉
完成少年的
美夢。

　附註：一九九五年八月三日，詩人晏明到我住
的賓館，給北大謝冕教授打電話聯繫，
希望帶我到北大去參觀，結果謝教授謝
絕了。謂不准外人參觀，尤其台港人士
，根本不准進去。結果我們還是大大方
方的進去了。

港灣的路

海的呼喚很杜步西
回去吧
回到姊妹的笑容裡
回到母親的慈祥裡

船　就讓它孤獨吧
孤獨慣了的
如果不在浪頭上角力
它不會走失

雨點一絲絲也好
一陣陣也不懼怕
港的大門總開著
像客棧

港灣的路還是老樣子
走了幾十年
走不塌水痕上的船印

沙漠速寫之一

遠山光禿禿的裸著
一絲不掛的沙山有曲線美

近野空蕩蕩的
墾荒者要改造大地
將抗旱植物植成
田田日日的水道　像
孩子們畫的遊戲跳梯

山腳下那條綠帶
為沙漠展現綠洲

有樹就有水
有水就有人家
誰在那裡落户呢？
他們的夢不是土地的佔有
　　不是地價的漲跌
而是與沙漠為伍的生存

有土此有財
你烙印很深
有土此無材
你該去看看

詠圓明園

圓明園死不瞑目
屍骨不怕風雨　不怕冰雪
挺在那兒一百三十多年了
挺給帝國主義遊客看
挺給炎黃子孫看

炎黃子孫面對廢園
帝國主義侵華掠奪浮在心頭
然而　代代有走狗
　　代代有悲情
帝國主義面目依舊猙獰

圓明園的屍骨挺得很敵愾
就讓它永遠的挺著
　把雜草剷除
　把野花割掉
讓屍骨在太陽底下曝晒
讓帝國主義英法聯軍
永遠做放火的兇手

滑沙

從鳴沙山頂滑下
墜進情網
用駱駝拉起來
成雙的歡笑
被沙霧裹成相思囊
從沙漠帶到海島

燃燒春天

把所有的紅色還給春天
讓春天燃燒
燃燒萬紫千紅的春天
有人看著春天焦黑灰燼

從火海中奪門而出的幸運者
煉得頭髮花白花白
　兩臂斑斑點點
燒不燼的斑斑點點
隨著春風　在
裙裾飄香中發芽

飲血的年代

彼岸發來的砲彈
從草叢中畫一條長長的彈路
爆聲和震聲　將
我們的眼睛烤得很紅口很渴
飲血的年代從有酋長開始

當朝天的鋼盔長出花朵
母親的淚河早已乾涸

誰會記得？
肥沃的泥土滲有鮮血

火　　網

從山上看過去
那交織的火網
　像雷射光譜成的彩虹
誰要穿過火網？
　網前沒有黃金
　網後沒有美女

親愛的同胞
誰在領海畫楚河漢界？

一信卷

小傳

一信，本名徐榮慶，公元一九三三年出生於漢口市，著有新詩集「夜快車」、「時間」、「牧野的漢子」，評論集「世界攝影佳作選介」。曾獲第六屆全國青年學藝競賽新詩獎，八十年詩人節大會詩運獎。八十四年文藝獎章詩歌獎。

在文藝團體曾擔任中國青年寫作協會理事兼副總幹事，中國青年詩人聯誼會常務委員兼副總幹事，中華民國新詩學會發起人、常務理事、理事兼副秘書長。曾先後主編「世界畫刊」、「中國詩刊」……等等十餘種刊物。曾任課員、主任課員、專員、課長、副經理。現任職台灣汽車客運公司。

一座墓

一座墓
安穩地坐在山頭
墓內有人——
已死去　已腐朽　祇賸枯骨

墓內的人
活過　走過　跑過　哭過　笑過……
為了少數錢　曾經
與很多人爭執過
為了一個名位
與人用陰謀狠鬥過

如今　這一切都過去了
他　在墓內躺著
　永遠地躺著

他看過最新而聳動的新聞
如今　這些新聞已成歷史

他看過認為最可愛的美人
這些美人也已成了枯骨

如今他躺著 在
一座已荒蕪的墓內

蒲公英

——草原中殖生的一株蒲公英

一樣地綠一樣地枯萎
在草原中　我
被風吹播來
落地生根　茁長
卻不被認同是
這一片大草原中的
一株草　被叫作
蒲公英　我的種子
被風吹雨打播散
仍叫　蒲公英

被風吹播的蒲公英
被雨及泥土淹埋的蒲公英
牛羊豬狗踐踏的蒲公英
無奈的蒲公英

選舉兩題

一、競選海報

每個字都著火
每句詞都刃都刀都槍都炮都炸葯
而且　瘋狂地衝向人
攻擊人　傷人　毀人

那些有顏色的　海報
每幅圖都想用顏色染妳
而且　哄妳　騙妳　影響妳　溶妳
溶妳和它們一樣的顏色　一樣的容貌

掛著哭笑
來貼你臉　猛搖你頭
向你狂吼　向你哀告
把每秒的時間都逼成不政不治
人！人！那裡好逃!?

二、選票的臉

這張臉
看是方的　又似圓的
看是笑臉　又似哭臉
看是包拯的臉　又是嚴嵩的臉
又似袁世凱的臉
是一張奇怪的臉

多少企盼　多少志願　多少痛苦、憤怨
都累積在這張臉上　表達在這張臉上

而這張臉　有時是高貴的臉
有時卻是無恥的臉
有時會變成貪鄙或恐怖的臉

這張臉　是有情卻又無情的臉
是你的臉　我的臉　也是他的臉

無名之樹

樹不懂阿諛地站著
風雨來了也不彎腰
卻一再搖擺著
　想換個較好的位置
風說：做夢。沒將他連根拔起
　就已經很不錯了
雨說：別想。沒將他枯死就已
　經是恩德齊天了

樹站著　呆站著　傻搖著
一天　我看見了這棵樹
果然是好樹好料
想著　我死了一定用他作棺木
一起入土為安

嗜詩的老饕

——記三月詩會歡迎大陸來台參加海峽
兩岸詩學交流的古遠清教授餐會

曾在　武漢黃鶴樓
晤崔顥、李白及你
如今　於台北英雄館
與詩壇諸家老英雄　俠女
以水酒　薄肴　熱情之詩
歡宴你　宴你這
一席書生　滿腹經綸
十行學者　盈市宏論
千古名篇　著作等身
萬里來台　揚道取經
欲匯長江、黃河、黑龍江
與淡水河、日月潭、高屏溪之水
於台灣海峽澎湃詩之浪濤

我們這群嗜詩　嗜文　嗜真理之
龍嘴史牙現代舌的老饕
在時鐘上咀嚼存在的秒針
在筆尖上咬牢存在的每一個字

在心路歷程上釐清存在的每個腳印
在每一張面孔上飲存在之哭與笑
為了詩　每一人都是飢渴的饞狂者

歡迎你　朋友！
遠由千山萬水關關卡卡
從千秋萬世血脈中流過來的朋友
帶著詩的火種　來
交換詩的火種的朋友
來　舉起杯來豪飲
我們萬古常湧之中國精神瓊漿

朋友　歡迎你！
讓我們舉詩如太陽
共同燦爛這世界

神晤李白

你我都曾是
醉中再乾一樽酒的人
都曾是
詩成再鍊一句詩的人
而你　竟能
蹈水捉月　在水中攫住歷史
　　　　　　　　抓住了詩
而我
僅能對月興嘆

秋

幾朵雲　幾片楓葉
在很清淡的風中
任意地
飄　旋　落

秋很可愛
輕輕地不爭什麼
淡淡地不求什麼　也
不孔子不關公　不佛陀不耶穌
不原子不核子　不冰雪不花朵

秋　就這麼
不冷不熱　不威不勢
幾朵雲　幾片楓葉
飄一陣子　瀟灑一陣子

妳笑了

每一次容顏都風光　都燦爛
每一個姿式都繪畫　都雕塑
又風度成一株
永不凋謝的純白　且愛笑的玫瑰

笑了　自嘴角
飄逸出一道虹
笑了　眸子中
飄出許多花朵

風華姿成　藝術
藝術美成　風華
笑了　笑成一首
　越讀越美的詩

橋

伸出臂攬住妳
再不壁壘絕谷
再不江海浪濤
再無事物阻絕我們
我們緊挽著
以愛為途
走更長更遠的天涯路

伸臂相攬
忘卻以往不快
昔日在風風雨雨是是非非苦難中
相峙　相拒　相對　相抗
甚至相惱相根相殘
魘如長夜惡夢

醒啊！且長身而起
讓我們伸臂互攬緊握
以血管凝固成鋼骨　血肉成水泥

築跨越之橋成坦蕩之路
走向共同摯愛共同幸福的
途　程

婚姻來時路

——結婚三十年紀念贈妻詩之一

三十載了　我們曾攜手
從禮堂走進雲中
從雲裡走進風雨中
從風雨裡走進水火中
從水火裡走進荊棘中
如今　帶滿身傷痕
相互笑著
在溫馨小屋中
飲　汗與淚釀成的
甜美瓊漿

回憶幽幽地彈響
往昔的悽愴曲

曾有囂張的黑手
推我入恐怖之山谷
死神的猙獰惡面　逼向我

且　揮巨掌擊殺我
是妳以戰慄而柔弱的小手
拉回我於死亡絶壁墜落之頃刻

如今　三十年終能攜手
跟蹌闖過
小屋前
兩頭白髮飛揚傲笑夕陽

我妻　在此紀念之光環中
攜子媳　獻妳此詩
及我滿心的愛

兒子們

——結婚三十年紀念贈妻詩之二

由妳乳房上掙扎出去
被玩具車哄走為吃糖回家的
被腳踏車騙走為吃飯回家的
被機車飆走為拿錢用回家的
被一輛汽車邀走為送錢給妳用回家的
——一節節長　一圈圈壯
　由妳餵養大的四個兒子　及
用笑與愛來風光妳的　媳婦
今天把歷史記載擁擠成二十九孝
以花與酒來突顯這一天
將愛揉搓成歡樂成奉獻成啣著隻小虫
回哺妳　　這一天
身體力行「家獨」政策的兒子們
嚷著：照一張「全家」福
三十年了　來
照一張有媽媽味道的

有連續劇味道的
有關愛與感觸味道的
有往昔苦酸如今甜香味道的
及濃郁血脈味道的

全家福

哈哈鏡

走進鏡子
有種好笑又笑不出來的感覺
欲衝出鏡子　卻被鏡面反射彈回

多年與頃刻　許多
相同又不相似　相似又不相同
被扭曲在鏡子中　的人
想搶進到鏡底的水銀中　或
衝出鏡面　都不成功

衹有許多許多的茫然
溢出鏡外

玉澤晶瑩

每寸皮膚都燦爛　每絲肌骨都晶瑩
光澤中溢出和婉的笑容
展現風姿自成熟之溫潤

歲月巨輪轉動歷史縱深
而歷史幾度山崩地裂
埋卻無數世紀的記憶　惟
明媚的笑容
卻來自遠古的一次偶然

歲月巨輪再度轉闊寬廣
歷史橫斷面熠熠生輝
一次次採採　高山蘊藏之寶乃孳生
時序之巨手琢巨手磨　巨手彫巨手塑
成型　成品　成器
成晶瑩　成圓潤

藍　雲卷

小傳

藍雲，本名劉炳彝（另有筆名鍾欽、揚子江等）。出生於民國二十二（一九三三）年。祖籍湖北省監利縣，寄籍湖南省岳陽市。師專畢業。現任台北市立某國中教師。「葡萄園」詩刊創辦人之一。現爲「秋水」詩刊編輯委員。著有「萌芽集」、「奇蹟」、「海韻」、「方塊舞」等詩集。

秋之頌

——兼致三月詩會諸友

且勿悲秋
雖然春華不再
也無夏日擎雨蓋
但有詩心在
縱目都是橙黃橘綠
更有那楓紅勝似花的點綴
經過多少風雨　多少浪
如今一若泊岸的船
不再眩惑於那遠天的虹影
唯愛腳前的一片恬淡
淡淡的斜陽裡
有詩有酒相伴

蟬

你生怕人之不己知
一躍而上高枝
自拉自唱
好不得意

其實，你唱來唱去的那套詞兒
人們早已聽膩
縱有警語，也是風多易沉
徒然費聲而已

總以為自己是先知
卻不懂「行而不名處」的道理
往往一不留神
便落於那捕蟬者的手裡

託庇於夏日濃蔭的你
只知炎附寒棄
當朔風橫掃大地時
你嘿然而逃，哪有什麼骨氣

中秋月下吟

甚麼一小步，一大步（註）
那披著一襲銀紗的女子
何嘗還就人半步
她依然是那麼可望而不可即
　依然不減她那迷人的魅力
不信，請看今夜的山隈水湄
多少人對她如癡如醉

而那一度闖入月宮的壯漢
如今在那裡？
科學的腳步縱已踏碎千年的神秘
皎潔的月色卻歷萬古而常新
她永遠是美的象徵
　永遠那麼吸引人
尤其在這中秋時分

註：一九六九年七月間，美國太空人阿姆斯壯登上月球時說：這是他的一小步，卻是人類的一大步。

夏夜之惑

薔薇般怒放的夏夜
蛇類最活躍的季節
每一盞霓虹燈
都在吹奏那魔笛
引來蛇們無數
在那些不是密室的密室裡
進行肉搏戰
整座城市已然陷落
在這風月無邊的浪潮中
祇見那聳立一隅的教堂
如一落寞的老者
徒然蹲在那裡興歎

橋

伸以雙臂
無論是親家冤家
有你牽線
兩岸不再隔如天涯

路有所不敢的
你一肩扛下
縱然面對波濤洶湧
你眼睛眨都不眨

多少舟車來來去去
竟似開了又謝的花
而你像一參透萬事的哲人
祇是默默諦視著周遭的變化

一切都如橋下的流水
歷史將為那些留下的腳印說話
你是多麼盼望啊！盼望見到
那手牽著手同遊的美好圖畫

鑰匙兒

二十世紀末期
世界變得真離奇
許多新產品紛紛出籠
午妻、愛滋……
有一種鑰匙兒
也是這世紀的特產之一

他們不是孤兒
家中卻不見父母的蹤跡
褓抱提攜的手
變成了一串鑰匙
倚閭而望的眼神
只有在故事書裡尋覓

太早　也飽嘗了太多
寂寞的鑰匙兒
小小的心靈，只知
等著他回家的是電視機
一串鑰匙為他開啟了重重的家門
卻打不開對「家」字的疑義

藍　雲卷

一個叫詩人的人

你認識一個叫詩人的人嗎？
他的特徵有：
頭　比地球大
眼　明如月亮與日頭
眉　雙劍橫掃天下
鼻　一峰昂然而小宇宙
耳　八方風雷的先知
口　大江長河的源流

他乃一非怪物的怪物
集無數矛盾於一身
有孩童的天真
獅子的精神
有戰士的意志
鴿子的溫馴
有宗教家的心胸
啄木鳥的深沉

是鄰居的笑料
　少女們心儀的鳳麟
是風　是火
　始終渴望擺脫一切羈絆的雲
是永遠不願被泥土囚禁的種子
一個在夢中都在歌唱的靈魂

∽藍　雲卷∽

老鴉夜啼

每夜，那林中
總有一隻老鴉在哀啼
向遠天的星星，路過的風
訴說她的失望與悲悽
半生劬勞付流水
有時還被當球踢

啼著啼著，那老鴉
她的啼聲中湧出了無限疚意
昔日對待父母的畫面
如今像毒蛇般將她啃噬
聽她那既悲且悔的哀哭
有多少欷歔啊　多少警惕

附註：鴉乃烏之別種。烏知反哺，鴉則否。據報載：某地一老嫗，遭其不孝子女當球踢。爰仿白居易之「慈烏夜啼」作此詩。

謎

——迎一九九五

一九九五
一尊現代的司芬克斯
在始終籠罩著一片陰霾的島上
向每一個來到她面前的人問說
「明天，你知道明天的謎底嗎？」
有人說：它是木馬屠城記的翻版
有人說：它是所多瑪悲劇的重演
因此，有人已將一隻腳
跨在加拿大　貝里斯……的土地上
有人無所適從而夜夜失眠
但　也有人裝作什麼都沒聽見似的
一直默默埋頭在耕他腳下的幾分地
他對自己說：管他明天是什麼
到時候，答案自然就會揭曉
就會看到一切
將如一九九四
　一九九三

一九九二

一九九一……

都化作一股煙般地過去

雨的傳奇

前世是女人
今生成了表演空中特技的飛人
來世呢
莫非又回到原點
生生世世，恆如此遊走
不，遊戲於天地間
善變的你
常愛惡作劇
詩人們卻說
你是悲劇角色
在李清照的詞裡
在戴望舒的詩中
都有你悒鬱淒涼的影子
而你那謎一般的行止
有時會讓氣象員氣死
多少人為你而愁
多少人見你而喜
你卻從不看人臉色
總是率性而行
無視於人們的愛憎

鐘　錶

你們的形體雖異
任務卻無二致
都是時間的代言人

時間，這宇宙中最冷酷的統治者
當一切在風中逝去時
他祇是默默注視著，不發一語

而你們成了他的馬前卒
以替他發號施令為職志
操縱著人們的行止

世人都需要休息
你們卻日夜不停地奔馳
好像從來不知疲倦

「怎不疲倦？」我忽然聽見你們說
「除了時間本身不朽
　萬物都有走到盡頭的時候。」

人到盡頭歸於塵土
你們的盡頭操縱於
曾被你們操縱的人手裡

也是遠方

也是遠方
一個永遠令人陶醉的地方
亮藍的天
情人胸脯般的海洋
抹了哪嗟香膏的空氣
演奏田園交響曲的鳥唱
當我倦於這世路的顛簸
掩鼻於周遭的惡臭奇髒
那彩畫在我心中的桃花源啊
成了我最好的港灣與擋風牆
雖無舟楫，也無航空器
可以去那人人嚮往的烏托邦
我卻於一瞬間，不需簽證護照
便逍遙在那夢土上
因為去那兒並不遠，也不難
只要將一切羈絆遺忘
當下就像蛻化的蝴蝶般
蘧蘧然，在那兒起舞飛翔

某酒徒

那人踏著波浪的步子而來
一面不停地向人舉杯
一面大聲地辯稱
「我沒有醉！」

是的，他沒有醉
在他的眼中
醉的是這東倒西歪的世界
而他比誰都清醒

許是他太清醒
所以比誰都痛苦
當他痛苦得不堪忍受時
便開始嘔吐

嘔！嘔！
且看他嘔出一地穢物
讓所有見到的人
都為之卻步

於是，他再也找不到人乾杯
便將酒杯一甩
像一株頹然倒下的樹
躺在那裡呼呼大睡

玉說

其實，我與所有的石頭
都孕育自同一個母親
不同的是，我們的際遇

在衆多兄弟姊妹中
花崗石也好，大理石也罷
都不若我的體質晶瑩特出

硬，是我們石類共同的性格
而我卻有著君子的溫潤
因此，人們稱我為玉

當我被雕琢而成一種佩飾
做了那些庸脂俗粉的點綴時
你可知道我心中的委屈

我不是頑石
處於這金玉其外的時代
我多麼希望能歸真返璞

落寞的雲

雖然你有翅膀
奈何這天地的籠子太窄
從東到西
你徘徊了又徘徊
一若曹孟德眼中繞樹而飛的烏鵲
你竟也有無枝可依的感慨

浪子的靈魂
始終嚮往著域外
不屑於求田問舍
一派夢想家的神采
你雖偶爾投影於波心
最愛的則是那山中的氤氳靉靆

莫非你是虛無主義者？
不執著於任何有形無形的存在
憂鬱是你的本質
縱有八方風雲際會
而你，這宇宙的浪子
卻恆落寞地獨往來

王碧儀

自傳

王碧儀係廣東省東莞縣人，淡江大學會統系畢業，原工作於服務業，三年前退休。二十三歲加入中國文藝協會，文稿遍見於中央日報副刊、聯合副刊、文藝月刊。發表小說、散文、新詩、方塊，現爲葡萄園及谷風編輯，亦爲三月詩會會員。

早期曾得中央副刊及自立晚報徵文佳作。

於一九九四年結集出版「曇花開過」。在人生舞台上，我習慣孤獨，寫詩亦如是。猶如我在詩中所寫：「我獨自舞著，歲月無光，舞著寂寞，舞著年華老去，更舞向天空。」這是我與詩守著堅貞、守著永恆不變的誓言。我的人生哲學是：獨舞。

我的詩觀是：崇尚自然。

獨　舞

曾經喧極一時
曾經衆星拱月
你在那灰黯一角
在熙攘的人群中
靦腆地抛出羞澀的眼神
那時
我高高在上
吝嗇給你同情的一眼

而今在人生的舞台
我獨自舞著
歲月無光
舞著寂寞
舞著年華老去
舞著臉形消瘦
舞向
一屋空巢
更舞向
天空。

春回大地

還未到清醒時分
窗外小鳥已沸騰起來
嚷說春回大地
滿園欣欣向榮
厚重窗帘遮不住春光

踏著貓步般柔絮
躺臥於身旁的是
慵胖的老狗
他亦已邁入老年
卻像春天般滾向我
撒嬌地向我貼臉

於是
狗臉的歲月慢慢帶走
我的青春。

今夜星辰

記不得是第幾個夜
春的夜是如此澄澈
半夜下了場雨
他的鼾聲已從如歌行板
換成了狂風暴雨
和外面實景環環相叩

如此美妙不需言傳
他的溫存一如少年時
他的指間流入我的世界
如音樂也如風入貝殼
我本如一葉飄舟
此時卻像一隻鳳蝶。

華髮情人

午夜一陣涼風
伴我輕微咳聲
披衣坐起
卻是了無睡意

他
均衡的鼾聲
忽而行雲流水
忽而萬馬奔騰

當年的他英姿煥發
文弱書生樣令人仰慕
當年的我嬌弱如柳枝
他謔稱的林黛玉

午夜一陣涼風
咳聲與鼾聲
此起彼落。

歲　月

如果你有陣風陪伴
要不要攜我同行
生活的稜角
銹了　鈍了
老友　老本　老妻
前二者都會拂袖而去

當年初識我時
我正年華雙十
你乃意志英發狂妄少年
而今你雙鬢飛白
我臉亦如珠黃

往者已矣
鬢髮鬚眉堆霜雪
多年閒話愛重提
不要等到頹然老去
而泣不成聲。

寂　寞

蟬兒未鳴的時節
你向我道別
明知思念總在分離之後
卻不得不說再見

是誰說過虛空的虛空
凡事都是虛空
稚兒稚女如今鵬飛
不願一刻依附身旁

深知你的別離
必是老境已至的依靠
數年來見你雙鬢飛白
倚閭等候的日子畢竟無奈
但別丟給我那
寂寞的歲月

老友
在你回來的時候
只恐秋蟬已遠

褪色的夢

從這個痛苦跳入另一個深淵
沸騰上升
我蹀蹀而行
彷彿雙腳已紅腫
起泡

我急忙脫下破舊的外衣
直奔那玄色的蝴蝶精靈
蛹對我而言是漫長的桎梏
迫不及待
昇華羽化
進入不著邊際的無涯

是否當年曾有
遠方褪色的夢
吻我雙眼
擁我入懷
嘴邊呢喃
再見
我愛。

曇花相約

避開日間的煩囂
你似夢中睡蓮
喜歡夜的精靈
心中的曇花
是否依然不言不語？

記否
嬌羞的你
朦朧的你
顫顫地
淺露花蕊
似曾相識

你捎來初秋的訊息
回報當年知遇
又說
燕曾呢喃
燕曾歸巢
卻未言明何時？

戀戀淡水

暮日初秋來到淡水
尋找失落的初戀
未料刻骨銘心的痛
也是種哀愁的美

心靈的故鄉
慵懶地臥波於河邊的觀音山
高聳蒼鬱
淡水純樸山川
素淨如水

你如遲暮美人
伴著一衣如帶的淡水河
寂寞如我
未及雙十
始終帶著悲涼
慶我淡水
在時代遞嬗中
扶搖直上
我卻於此
哀我逝去的韶光。

海中傳奇

山不就我
我來就山
海不就我
我來看海

望樹成林
望梅止渴
眼裡的風景
成了心中的海

摩西將紅海分成海陸
我將湖水鱗鱗波光
幻想洶濤巨浪
感性
寧性
鈎劃出死海深卷（註）
飢渴慕義的信徒
期盼那生命之泉
永生之門。

註解．早期基督徒怕受害，藏書卷於死海洞穴中。

夜來香

昨晚
見你羞顏含苞
今夜
你似一濃妝的少婦
輕唱一首寂寞的歌
你刻意炫耀柔情
為要留住我的目光。

我不敢
對你輕狂
怕我拿得起放不下
怕我喜新厭舊
辜負你的芬芳

上弦月亦含羞初放
訴說千里共嬋娟的故事
多情如我
像那粉蛾撲火
我怎捺得住啊！
這一院濃郁的
夜來香。

閒雲如我

我是
閒雲一片
來自深邃的海洋

無羈如我
你抓不住
氤氳起時
呼鶴作伴

非我善變
因你情痴
我無意為你手中的燕

最好
你莫依我
當我遇見另一片雲
遂化作兩行清淚
雨兩行。

秋之戀

最後一個颱風
帶走夏的酷熱
暑氣漸消
披衣走上風樓
小城的秋提早到臨

難道我是這麼了無牽掛？
我的內心真表裡一致麼？
攜去的訊息沒有回音
我的心已直叩
秋的堂奧
從心的窄門看到曠野
看到白荻
那是我故鄉的秋
我心靈的秋

啊！不必悲秋
我是個鄉村的仰慕者
怎樣才能到你跟前
與你立約
做一個深秋的戀人。

東京行腳

將自我
又一次放逐
於東京暮色
邂逅迷樣的叢林
日本天皇宮殿外蒼鬱蓊然
護城河蜿蜒
莫測高深

市井千奇百怪
撲朔迷離
兩面生活互不侵犯
和睦共處

文明新興國度
乞丐散聚於公司迴廊下
銀座是年輕人的天地
間也見逃家的中年男子
獨自喝著悶酒
分外落寞。

老橋與我

小溪潺潺
細緻且明媚
碧水老橋上
站著孤獨憑吊的我

撟的鋼索支撐著數十年的青春
吶喊著歸向田園
原來時光像奔流的巨川
不容我中年的回憶

巍峨壯觀的大橋
似個精力充沛的壯漢
吊橋顯得老弱衰殘

碧亭青山蜿蜒
老橋啊
何處是你的歸宿。

雲

燦爛的愛情
來得太早
消逝得無影無蹤
我遍尋不著你的出沒處
更別說你的名字

登高嶽
爬山麓
我尋到的總是閃爍不定
飄忽且朦朧的
霧

那年你我太年輕
還未領悟到什麼是情
一切尚未醞釀成熟
你在雲端的凝結尾
在彩霞裡寫著
你的名字。

夫妻樹

一個七夕鵲橋相會的夜晚
你和我欣賞高山的靜謐
我們相擁
使星月也纏綿
為愛譜出戀曲

忽而
星月遁去
風馳電掣
愛的歌聲迸出火花
引著了
劈劈剝剝
我們的頭髮燃燒起來
四肢俱灼傷

誰說夫妻不是同林鳥？
我們遂似浴火鳳凰
永遠擎立於中橫
往阿里山的路上。

伴　侶

奇特的呼聲
屬於
原野、淒惶且嘶啞
驚醒晚睡遲醒的我
不知何時
枝頭上飛來一隻不速之客

紫色是你的風采
長尾花紋仿如王后朝儀
孤單如你
是否新偶折翼？
人間情愛飄浮如雲
執著的愛比金石堅貞
願你早日覓到
一生的伴侶。

玉

半透明而有光澤的美石
有龐大的家族
玉璽　皇帝之印
玉瓶　聖經中女子裝香膏的器皿
玉指　楊貴妃的手
玉佩　賈寶玉的衣飾
玉露　情人節玉階上的露珠兒

玉是不掩光
有實必有名
不琢不成器
而我呢？

碧是青綠色的美玉
故有人贈我詩：
「碧階展風範
儀態萬千」。

關雲卷

小傳

關雲，原名汪桃源，湖南茶陵人，一九四九年四月生，高中畢業從事散文、童詩童話、小品文創作多年，近二年才認眞接觸並學習新詩。

詩作、散文等作品散見台時副刊、民眾日報鄉土版、新生報新生兒童、家庭生活版。也常在新陸詩刊、心臟詩刊、葡萄園詩刊、谷風詩報、大海洋詩雜誌發表作品。

目前是谷風詩報、大海洋詩雜誌主編。總是覺得學無止境並且敬佩三月詩會同仁們各個寶刀未老、切磋求精進之精神，感動之餘也希望和他們一樣切磋中詩作不斷精進。

此次參與「三月詩選」自是鞭策、期許和三月詩會同仁們共勉吧。

∽關　雲卷∽

走入山林

離開了喧囂的世界
兩顆灼熱、默契的心
無法拒絕山林的魅力
一路山花開得熱鬧
樹林蓊鬱
山色青青
鳥聲　虫聲　蟬聲
是一曲大自然的合唱
啊！生命的氣息已注入你我體內
也許，你我前生曾是修行者
要不，怎會一同走入山林
心境竟是如此清涼

踏　月

人生的小站很多
不知是否會停靠
圓缺　是生命的紛呈
世俗確有清吟美酒獨酌月影
不論是誰　心的窗口中
有如是深情的顧盼
心靈的天空始終一如圓月——聖潔亮麗
且踏月色　冥想寧靜
世界永遠在一顆晶藍的夢裡

∽ 關　雲卷 ∽

滄　海

生活始終是一首絢麗的詩
那怕路上
　充滿陷阱
　　充滿荊刺
面對遠山
更能感到什麼叫做生存
也更能體悟什麼叫渺小
大河奔流
殘陽如血
無名小草
在春綠遍天涯
冷靜的沉默是一種力量
走出荒原和滄海
天地之間任我遨翔

收藏山水

山不在高，有仙則名
縹緲的深處
雲霧濛濛
那峰迴千轉的疊障
蒼蒼茫茫
是誰
將山水收藏
不意
雲海一轉眼
猝然露出一座山峰
欸！
此乃虛虛實實的禪意吧

關 雲卷

黑夜裡的旅人

天空
一顆孤獨的星
照著夜行的旅人
那頻頻回眸的眼神
迎向熟悉的面孔
往日的喜悅
如時間沉寂
唯獨自己
是真實的存在
你來與不來
與等待無關
相逢是緣
失落是夢
無非是緣與夢的輪迴

迎風

躁動的日子
便想攜詩吟哦
醉倒在細浪和風之中
直至敞開心靈
諦聽　靜默
與造化冥合
絶對穩定
更與和風比清涼

∽關　雲卷∽

燈　塔

曾經滿是萬千愁悵的心中——
愛撫之後
重新燃燒起
用謙卑的面目向你
用噴灑的光芒看你
像太陽般
注視著你所經過的航程

啊，一座高聳挺拔的燈塔呀
在雙瞳中清晰地感知
所有的黑暗都應像衣衫般脫落
只剩下赤裸裸的真理曝露出方向
以堅定的舵輪
導引向時間的溫床上歸去

請在燈塔指引下告訴我
用愛向宇宙呼喚
尋找——
撞擊天空時
那愛的回聲

最後一隻鷗飛

終於
　我看到最後一隻鷗
　獨自飛去——
那雙翅膀划過我激盪的心田
　　划過我寬闊的視野
啊！
那雙翅
竟彷彿是一幅很熟悉的蒼桑圖案
生活很累
道德很重
投入黑暗中時
　卸下了一聲辛勞的嘆息

∽關 雲卷∽

夜觀星空

面對無垠的
星空
你品味到了什麼
所有的風塵逆旅
都是急如雨聲的無奈
如果沒有太陽的照耀
人間和歷史的容顏
只有加速循環著蒼老和沉淪
這個時期是屬於地球的枯萎季
一切苦澀　災難　墮落
不停地繁殖
宇宙黯然
星子悄然隱去
直到流星雨
鋪天蓋地而來
祇是

當無垠的蒼穹中
與其高懸太空
始終清清冷冷
不如化作團團火焰
在深切的渴望中
祈求永生……

閒情

拂去亂髮般的雜思
朵朵白雲正逍遥天際
陽光張開熱情的手
召我環遊詩的世界
談笑間
陶淵明兜著滿懷秋菊而來
邀我攜酒登高
我
酒未及唇
已經醉了

記下歲月

攤開三十多年前的照片
彷彿只在瞬間
一隻小鳥剛長齊羽毛
就飛越春天　冬天
你我曾經年輕
掐指一算皆已晚年
賦予生命的時間
僅有這麼一點點
時序歲末
昨天才落葉飄盡
似乎不近人情
鳥媽媽說
有人的地方就有你的歌喉
喊吧　唱吧
一步一歲
走在長長的路上
你會欣喜

∽關 雲卷∽

你是歌聲中最動聽的一隻鳥兒
呵　夕陽下
晚歸路上
每天忙碌的日子裡
盛滿的　都是金燦燦的收穫

貝殼

一枚貝殼在沙灘裡
沉默 沉思
在睡與醒之間
欲言與無言之間
嗚——
的一聲，向天地之內擴散
有一雙耳
靜靜傾聽
有一張嘴 嫣然
一笑

關　雲卷

海的心事

你說：你暫時不想彼岸的家
——我驚愕了
一切滔滔的歌聲
在大海滾雷般的轟響中
渺小　緘默
啊！啊
太陽之嘯
自由之嘯
有千億種聲音在兩岸吶喊
升起帆來吧，
讓中國所有的土地
全變成歌唱的岸
如今
用親情的鄉愁
就要航向　就要航向
母親的懷抱

夢在星下

有星的夜晚
本該打開窗櫺
夢在星下
踏青
聽春風在草背呢喃
在時間的齒輪之中
緣始終在已闔的睡眼裡交織

舉杯邀明月

在故鄉　清苦的童年
始終是喝白開水長大的
淺嘗一杯白開水
霧　自杯裡升起
彷彿杯子裡的白開水
化作不單純的鄉愁　而
現實的理念，始終
無法藏匿的是
脫離不了熙攘人間

清苦歲月時的白開水
是故鄉之飢渴
飲著無味不失甘洌
月是故鄉明
李白、陶淵明從幽冥來訪
敲著門，祇聞
白開水一飲而盡的暢快

拐杖

曾幾何時
生活像滿頭青絲
根根被歲月磨白
從嬰兒到成人
到身為人母
方體會父母養育之恩
歲履匆匆
冥想中　渴望有生之年
能常去侍奉如　風燭般的雙親
像寒風中昇起的太陽
溫暖他們的心
如果
子女們尚有一點反哺的良知
他們又何必借助拐杖
以無力顫抖的手
支撐著孤苦蒼涼的
晚景

台北車潮

就在波濤洶湧之際
挾泥帶沙以俱下的濁流
仍必須習於激靜之浪花逐漸漲潮
如密麻蟻軍整裝出發
且焚心香
逼近眉睫
老天
如此如此的車潮
如何擁抱天空

莫　野卷

小傳

莫野，本名李彥鳳；祖籍安徽省和縣，一九六一年八月出生於臺灣臺北。自幼即喜歡閱讀，只要不是教科書，什麼都看，最好漫畫和兒童雜誌；稍長，迷上古典詩詞及武俠小說。如今，熱愛寫作，痴心於詩，以書爲師，自研自習，自得其樂。一九九三年因緣聚合，與數位志趣相投之女詩友共同創辦「谷風」詩報，任發行人兼社長；爲中國文藝協會會員，三月詩會新進會員。現職出版社編輯，曾獲中國新詩學會八十三年度「優秀青年詩人獎」。

玉

看和氏斷足悲哀
趙家懷璧無奈
果真露出光華內在
紛擾緊跟著就來
寧願披頑冥的外衣
不做雕琢之材

水月

不耐天上的廣寒
妳映波光下凡
在杜工部夜遊的大江中湧現
在東坡多情如夢的赤壁享酹
在任何有水的地方
與鏡花為伍
令李白為妳痴狂尋死
妳確有千種姿態
　萬般風情
我只想順著慧能一指
仰望妳的真實

爲你，守一盞燈

點一盞燈，照亮你的路
你的終點未必會是燃燈處
・　・　・
在一個你知道的地方
有人默默的執著
執著於一盞燈的守候
外面的海天非常遼闊
你走得又遠，又自由
不要束縛，不被佔有
疲憊時，可以回頭擁抱的溫柔
・　・　・
一個你知道，從不拒絕的付出
一生能夠守候多麼長久
這盞燈必定燃燒到最後
當你遊倦天涯
何需擔心回不到溫暖的家
燈光亮著的地方
有人，為你殷殷相守

思　念

是誰，喚醒我的眷戀
我的心如玫瑰一般盛開
・・・
是誰，撥動我沈寂的心弦
它震顫著愛的詩篇
・・・
花瓣上，晶瑩滴落
是我相思千年的淚
睽違遙遠的人啊！
是否收到我殷殷的思念

封印我的憂傷

我的心底鎖著一份深深的憂傷
您明知道，卻將禁錮它的封印打開
我再度被莫名的沈重攫獲，不得自由
如果就此放棄掙扎
任哀愁將自己淹沒
您會讓我沉溺多久
才來解脫我深滯的負荷？

寤寐

今夜有風，自夢的邊緣走過
窗外微雨，伴吵鬧的風鈴細訴整宿
輾轉中，我無意聽見
一個朋友陣亡，在人生逆旅上
淡淡輕愁，趁我翻身的時候
偷偷向夢裡滑落

山

靜靜的站著
站成千年的守候
四季在你身上活潑
淙淙溪泉，在體內
不安的騷動
當有風吹來
你奔放滔滔的熱情
任世人嗔你怨你數落你
笑你癡狂

彩　虹

雨後，梵天以蒼穹作畫
　信手揮灑
傳遞顏料的小精靈們
提著桶，忙碌的來回奔跑
一路，潑灑顏色
將天上的拱橋
染成七彩

戲夢物語

這一場戲，奇怪
總不按劇本演出
要哭要笑，儘隨
任性的導演處置
你全心投入
認真得忘了，這只是
一場戲，你在其中
大笑大哭
・　・　・
你自悲喜的衝擊中
驀然驚醒
唐時的黃粱猶未蒸透
臥枕的盧生識趣遠颺
屋外，有人懷抱三弦
彈唱人生如夢的舊調
夢中，故事未到結局
你就這麼醒了！

採擷溫柔

我的心是最柔軟的
你明知道，怎麼能
忘了摘除玫瑰身上的刺
送它給我，扎痛沈默

．．．

我墾著一畝田
汗水不夠，灑淚灌溉
　荒蕪的地面
滴滴鮮血沁然，滑落
浸潤栽種的明天

．．．

我的田開滿紅花
纖纖的莖不長尖刺利牙
紅花燃燒玫瑰的餤霞
結實的日子，我已習慣
帶著點點錐心的痛
採擷溫柔

黑色傳說

城市是獸
人為禁臠
媚笑和吊詭牽手
走上街頭爭奪地盤
寵物匍匐而來，興奮搖尾
・・・
聖戰的槍聲持續在吵
霓虹一族穿梭夜色
　互贈光環
獻祭的儀式等待天明
・・・
宴會快樂旋舞
煙和酒微笑舉杯
流彈，進進出出
　製造節奏
虛無吞錠　脈動躁怒
・・・
世紀二千，黑色與光同在
衆神，睜眼閉眼

和氏璧

身若美人凝脂
懷納日月光華
註定無緣安住崑山
做一方逍遙頑石
你，著實不幸
遭遇愚蠢的和氏
硬被剝除養晦的裝飾
換他留名千古

・・・

身價十五座城池
無奈碰上軟弱的主子
若非相如誓死維護
必身陷秦都，難歸故土
相如因而無罪
你何辜？落得罪名傳世
是否因此
你，厭倦宮廷的薄情
悄然自烽火中隱遁
流亡雲山深處
永不復出

MAD

我瘋了
竟以全部的真情
想要守護，世間所有的傷心
您是最慈悲的
怎捨得讓我罹患如此絕症？
．．．
我不知道
是否有足夠的勇氣
能夠像您，走入黑暗
　　無怨無悔燃燒此身
　奉獻一切的光與溫暖
只為，點亮暗夜之中那盞
希望的燈
．．．
我真的瘋了
要不，怎麼明知無可救藥
還能傻兮兮的微笑？
因為您無所不能

所以我安心
將自己交託給您
就讓全世界的人
嘲笑我的瘋狂
我，不在乎

鑽　石

看著我
仔細的看著我
你看到的每一面
都是我
也不全然是我

・　・　・

看著我
你要仔細看著
我的心，是不是晶徹
有沒有雜質在反射
我的硬度夠不夠
千萬年的時光不能曲扭
看透了沒有？
我璀璨的光華
自繁複的切面中展現

・　・　・

旋轉你的目光
累積不同的角度
仔細的看著我
我，是最美麗的
歌依羅

註：「歌依羅」爲世上備受推崇的橢圓形鑽代表，目前收藏於英國倫敦塔內英國皇冠上。

遲

黃昏已逝
你才來
相約共賞的風光
永遠不再

楊花

鄰水而生
傍水而立
首次飛絮恰逢雨季
從此水性一身
時時期待春風
舞出弄姿的嫵媚
不管流水有情無情
愛上倒映水中的自憐
甘心浪漫波間
浮沉蕩漾
遺忘最初的純白
殷殷花開
飛散成輕漂的漪漣
只為幻想
下一季新鮮的
春

山之物語

怪手傲然宣讀密約
卡車軍團進出綠色版圖
鋼筋擊垮密林
水泥征服磐岩
打著高級的大旗
別墅 堂皇向山裡進逼
・・・
這是新的叢林戰爭
目的為建立新興家園
從此
鳥族繞空 何枝可棲
松鼠驚竄 無處落足
無殼蝸牛 依舊無殼

米　斗卷

小傳

米斗，本名竇學魁，一九三四年四月十一日生於山東省煙台市，原籍山東省臨朐縣。一九四八年一月，開始在青島發表詩作。一九四九年被青島文聯吸收爲年齡最小的會員。一九五一年任天津《新生晚報》副刊編輯。一九五八至一九七八年，在天津板橋農場、濟南採石場、天津立新園林場勞動。一九八四年結婚，成立家庭。一九八七年創辦天津昆侖詩社，爲第一任社長。退休後任職多種報刊，以貼補家計；現任天津《農工商時報》副刊編輯。

殘 枝

一棵大樹　將它的
殘枝　伸向碧空
然後落到地上
一個殘影

是誰將它折斷　破壞了
生命的平衡　是粗暴
是無知　還是在痲痺中
一個惡夢

它還能撫摸　還能
擁抱嗎　大樹吃力地
在蕭瑟秋風中
悲鳴

沒有綠葉　沒有果實的
殘枝　伸向碧空
然後落在我的心裡
一個殘影⋯⋯⋯

龍抬頭

走出冬愁
喜看大地復甦
怎禁得
　心潮起伏………

我目睹
小小的蟲豸
從洞穴裡探出
它那聳立的頭顱
映在天宇上
幻成昂揚的影像
被稱為龍抬頭

大地冒著熱氣
那是蟲豸們的呼吸
它們鑽破冬的覆蓋
交響出震聾發聵的歡呼
它的幻影神化為龍
那是生命的崛起

她們緊貼著泥土…

曾經　搖曳枝頭
搖出
一派明媚溫柔
曾經　漫空飛舞
舞出
金燦燦的成熟

然而一夜淅瀝
落葉　鋪滿道路
鋪成一幅恬靜的
平面畫圖　看——
她們緊貼著泥土
在夢中睡熟

我輕輕地
拾起一片落葉
泥地上
留下清晰的葉痕

在葉面
粘附著幾滴水珠
晶瑩的水珠啊
曾經在白雲裡飄浮………

我的手顫動著
將葉片放回原處
讓天和地吻合吧
我默默祝福

抬頭看
樹上還有一片葉
在瑟瑟秋風中
滯留………

那是我嗎
她望著你的歸途
願我飄落時
落在你的心頭

小窗的鬱結

小屋的窗　雖然小
它的視野卻很寬闊
只要你打開小窗
就能夠　通向我

我從我的窗口
望見初升的中秋月
她圓圓的臉像你
而你卻像她一樣冷漠

你的月亮是橘紅色的燈
我的月亮是獨守孤燈的你
為什麼從你的窗口
卻射不出一絲月色

我看見你的窗子裡
擺著一盆無語的君子蘭
難道那就是
你唯一的精神寄託

打開你幽閉的小窗吧
我會吹入一絲絲的風
吹散你心底的灰燼
引燃你壓抑著的星星之火

我的清風
會化解你小窗的鬱結
我的鑰匙
能打開你鏽蝕的心鎖

後　　記

這是一種有別於一般選集的詩選——層面不是很廣，但也不算少的純同仁作品。作者雖屬於好幾個不同詩社的成員，詩風卻大致相近。現在，不論這些作品如何，終究整體呈現在讀者的面前了。

從彙集稿件到清校付印，謝謝各位同仁的密切合作，得以按預定計畫進行，如期完成此一編輯工作。唯感遺憾的是：文曉村於去年十月間訪問大陸歸來後，即因身體不適未及提出作品而從缺。

「三月交響」雖然是繼「三月情懷」之後的第二胎，形貌相似，但並非完全「蕭規曹隨」，除了每一作者的篇幅因係同仁們的共同決議，仍然維持原狀不變（除一位書面會友外，本諸平等原則，每人一律二十頁），其編排方式，則稍作調整，原來以年齡較小者排在前面，這次改以高年者居先；版面也略加變更，採取標題橫置，正文直排之交相互補方式，使其具有變化作用。許或未能盡如人意，尚祈各位方家不吝指教。（藍雲執筆）